서지문의
뉴스로 책 읽기
2

서지문의
뉴스로 책 읽기

2

서지문 저

저자의 말

물론 나만의 강박관념은 아닌데 젊은 시절부터 '밥값'을 해야한다는 생각에 쫓기다시피 하면서, 일생을 종종거리면서 살았다. 그래서 2013년 정년퇴직을 할 때, 나는 웬만큼 밥값을 했으니 이제는 내 맘대로 살아도 돼, 그동안 못 읽은 책도 마음껏 읽고 영화, 전시회 관람 등 내가 하고 싶은 것만 하며 내 인생을 살찌우며 살테야, 라고 생각했다. 내가 충분히 밥값을 했다는 확신이 조금 모자라기는 했지만 그래도 뭐 평균치로 보면 했다고 봐줄만하다고 자신을 설득했다.

그래서 서울대 법인이사회 이사, 국가 도서관위원회 위원 등 비상근 직책을 두엇 수행하기는 했지만 '한량'의 홀가분함을 즐기며 살았다. 그런데 2016년 6월에 조선일보에 칼럼을 쓰라는 제의를 받았다. 얼핏, 비록 남들보다 매우 단조로운 삶을 살았지만 그래도 '연륜'이 쌓이는 동안 느끼고 깨달은 많은 것을 하나씩 풀어놓을 수 있겠다, 싶어서 주저 없이 수락했다. 그때는 정권에 대한 독기서린 비판 보다는 내가 살면서 터득한 지혜 내지 통찰력을 인생이라는 가시밭길의 동반자들과 공유하는 글을 쓰려고 생각했다. 물론, 그때도 나라의 현실에 대한 불만은 많았다. 박근혜대통령이 통치에 너무 등한하다고 느꼈고, 척결되지 못한 한국 정치의 묵은 폐단의 잔재가 허다하게 남아있었다. 그러니까 자연히 '현안'에 대한 비판과 성찰이 먼저 튀어나오게 되고 인생사에 대한 나의 성찰은 '한가한 이야기' 같은 느낌이 들어서 후순위로 밀리게 되었다.

그리고 얼마 안 있어서 '최순실'의 존재가 드러났고, 정국은 회오리바람에 휘말렸고 결국 촛불 시위를 거쳐 문재인정부의 출범에 이르게 되었다.

이 정부는 공약부터가 나라의 발전은 고사하고 보존이나 할 수 있을 공약인지가 의심스러웠고, 시행하는 정책 하나하나가 나라를 나락으로 떨어뜨리는 것이어서 경악스러웠다. 그래서 땅을 치고 통곡하고 싶은 때가 많았고, 자연히 나의 칼럼은 유쾌한 또는 진득한 인생에 대한 관조(觀照)를 담은 것과는 거리가 먼, 정권에 대한 날이 선 비판과 성토가 주조를 이루게 되었다. 이 정부가 나라를 운영하는 행태가 너무 기가 막혀서 정말 나의 분노를 토로할 지면이 내게 주어지지 않았다면 내가 성한 정신을 유지할 수 있을까, 하는 생각이 드는 때가 많았다. 대다수의 국민이 같은 분노를 느꼈던 모양으로, 참을 수 없는 통분이 끓어오르는데 일주일에 한 번 나의 칼럼이 시원한 빗줄기처럼 마음을 씻어준다고 하는 분들이 많았고 그런 말을 들을 때마다 그렇게나마 국민의 심경을 위로하는 것이 나에게 주어 진 시대적 사명이라는 생각이 들면서 숙연해 졌다.

집권세력에 대한 나의 비판의 강도가 더해갈수록 나의 안전을 걱정해 주는 독자도 증가했다. 나의 친구, 선배, 후배들이 '그렇게 써도 괜찮으냐?'고 내 얼굴을 근심스럽게 살피며 물었고 한 은사선생님은 '지문이 칼럼 너무 좋아하는데 10%만 강도를 줄이면 좋겠다'고 간절한 부탁처럼 말씀하시기도 했다. 나도 물론, 내 칼럼이 불러올 수 있는 위험을 모르지 않았다. 그러나 절필을 한다면 모를까, 보신(?)을 위해서 칼럼의 '수위'를 조절하는 것은 있을 수 없는 일이고 칼럼을 쓰는 동안은 오로지 칼럼의 완성도만을 목표로 쓰는 것이 마땅하다고 생각했고 그렇게 했다고 믿는다.

다음으로 많이 받는 질문은 매주 집필할 주제를 발견하기 어렵지 않느냐는 것이었다. 원체 속에 있는 말을 마음에 담아두기만 하는 성격이라서 그런지, 속에 눌러두었던 생각을 표출할 수 있는 기회인 글은 늘 실타래처럼 쉽게 풀려나왔다. 나는 길 가다가도 눈길 닿는 곳마다 주제가 있다고 생각한다. 그런데 이 정부는 주제를 너무 많이 - 적어도 1주일에 열 개는 - 던져주어서 비명을 지르고 싶었다. 그 주제 하나하나가 다 이 나라를 망가뜨리는 전횡이요 비리가 아닌가. 그래서 주제가 없어서 아쉬울 때가 없느냐는 질문을 받으면 나는 '이 정부가 내가 주제가 딸려서 곤란할까봐 과잉 공급하잖아요,'라고 대답했다.

내가 대중매체에 처음 기고를 하기 시작한 것이 1973년, 그러니까 만 25세 때 영자신문에 기고하기 시작한 이래 거의 반세기동안 칼럼을 집필했는데 문운이 좋은 편이어서인지 내 글이 좋다는 평가는 분에 넘칠 정도로 들었다. 그래도 이번 '뉴스로 책 읽기' 만큼 '절찬리'에 연재했던 칼럼은 없었다. 필자로서는 참으로 영광스러운 일이지만 기뻐할 수만은 없었던 것이 그 열광이 내 글이 훌륭해서라기보다 너무 암울해서 분노하고 절망할 수밖에 없는 나라의 현실 탓이었기 때문이다. 물론, 좋아하고 애호하고 열광하는 독자가 많았던 만큼 징그럽고 무시무시한 댓글도 많았지만 그런 댓글은 부당하다는 확신이 있었기에 부정적인 정도가 아니라 욕설과 비방, 저주에 가까운 댓글에도 마음이 상하거나 용기가 꺾이지는 않았다. (사실 거의 읽어보지도 않았다.) 나에게는 오로지 나의 칼럼을 단비처럼 기다리는 애독자들을 위로하는 것만이 중요했다. 그렇다고 해서 애독자들에게 후련함을 주기위해서 험악한 표현을 쓰거나 하지는 않았다. 표현이 살벌하기보다는 내용이 단단한 글이 오래 공감할 수 있는 글이라고 생각했기에.

칼럼을 쓰면서 거의 매번, 나에게 몇 자만 더 쓸 지면이 주어졌다면 얼마나 좋을까, 하는 생각을 했다. 대개 10매 내지 12매의 엉성한 초고를 목요일이나 금요일에 써 놓았다가 토요일 밤에 다듬기에 들어가면 어떤 때는 1~2시간이면 원고가 압축되어 마무리되지만 어떤 때는 동이 튼 다음에야 겨우 끝이 났다. 어느 날은 불과 몇 자를 줄이려고 두 시간을 고심하기도 했지만 그래도 절대로 늘일 수 없는 지면의 제한이 있었기 때문에 군더더기가 비교적 적은, 수많은 독자들이 '촌철살인'이라면서 환호한, 응축된 글이 담금질을 통해 주조될 수 있었다.

시작할 때부터 내 나이를 감안할 때 한 300회까지 쓰면 적절할 것 같다고 생각했었다. 많은 친지들이 매주 써내는 칼럼집필의 스트레스가 너무 크지 않은가 걱정을 해 주었다. 사실 그만큼 많은 관심을 받는 칼럼을 집필하는 스트레스가 없을 수 없었지만 그 스트레스를 커버하고도 남을만한 희열과 성취감이 있었기 때문에 칼럼쓰기는 '남는 장사'였다. 어쨌든 그래도 체력, 정신력을 감안할 때 300회 이상은 무리일 것 같아서 300회를 목표로 하고 있었는데 올해 초에 갑자기, 4·15 총선에서 보수가 승리할테니, 200회가 실리는 4월 28일까지 쓰면 내 역할은 일단 수행하는 것 아니야? 라는 '꾀'가 들기 시작했다. 그때부터 완전 한량으로 홀가분하게 즐길 노후를 구상했다. 신문은 대강 제목만 읽고, 문학, 사회학, 과학, 미술, 기타 이것저것 손 가는대로 책을 읽고 시사주간지, 월간문학지 등도 들춰보고 영화, 교양강좌, 요리 유튜브 등도 즐길 꿈에 부풀어 있었는데 4·15 총선이 보수의 참패로 끝나지 않는가! 그 패배가 너무나 참담해서 칼럼을 계속 쓸 의욕은 물론 체력도 추스를 수가 없을 것 같았다. 마치 일생 공들인 사업이 망해서 파산해 버린 사람 같이 허탈했다.

칼럼을 종료하자 무수한 지인들과 독자들이 아쉬움을 표했다. 이 암흑천지에서 매주 화요일 한줄기 빛의 위로를 받았는데 이제 어떻게 사느냐라고 까지 해주신 선배교수도 계셨고, 그동안 수고 많았다, 고마웠다, 등의 감사의 말은 무수히 많았다. 친구들 중에는 내가 정권에 밉보여서 어떻게 될까봐 늘 마음 조렸는데 이제 발 뻗고 자겠다고 하는 살뜰한 친구도 있었다.

4년 가까이, 200회 칼럼을 쓰는 동안 아낌없는 격려를 보내주신 독자들, 선후배, 제자, 지인들께 깊이 감사드린다. 윤전기가 돌아가기 직전에 한 문장이나 몇 단어를 수정해 주시라는 요구에도 선선히 응해주신 조선일보 여론독자부의 지난 4년간 부장님, 차장님들께 말할 수 없는 신세를 졌다. 매주 화요일 경기여고 53회 동창 카톡 방과 덕수초등학교 동기회 카톡 방에 내 칼럼 링크를 올려 준 동기회장 신향자친구와 칼럼을 여러 카톡 방에 올리고 퍼 날라 준 많은 애독자들께도 감사드린다. 그리고 두 번째로 칼럼을 묶어 출판해 주시는 기파랑 출판사의 안병훈·박정자 사장님과 박은혜 편집자에게도 거듭 감사드린다. 어서 자유대한민국의 존립마저 걱정해야하는 이 시대가 지나가기만을 기도한다.

2020년 7월 인왕산기슭에서

서지문

뉴스로 책 읽기 2
목차

뉴스로 책 읽기 2

인간보다
장기가 귀중한 나라

『나를 보내지 마』
가즈오 이시구로

2017년 노벨상 수상 작가 가즈오 이시구로의 『나를 보내지 마』는 조지 오웰의 『1984년』을 능가하는 끔찍한 디스토피아 소설이다. 소설의 주인공들은 복제인간들인데 그들은 '정상인'들에게 장기를 공급하기 위해서 창조되고 사육되었다. 그들은 지능이나 예술적 재능에서 '정상인'과 다를 바 없지만 자신들이 '정상인'들의 병든 장기를 대체할 장기 공급원임을 숙명으로 받아들인다. 그러나 장기 적출 후의 상실감과 신체적 고통은 엄청나게 크다.

그들은 첫 번째 또는 두 번째 장기 제공 후 죽기도 하고 보통은 세 번씩 제공하는데, 네 번 제공하고는 거의 살아남지 못한다. 이 무시무시한 이야기는 담담하게 서술되어 더욱 소름 끼친다. 2005년에 출간되어 큰 반향을 일으킨 이 소설은 윤리를 외면한 과학기술 만능주의에 대한 경종이다.

최근 중국에서 톱스타 판빙빙을 비롯해서 중국 출신의 세계 인터폴 총재 멍훙웨이 등 거물급 인사들의 실종 미스터리가 핫

뉴스인 것 같다. 심지어는 '알리바바'의 마윈 회장이 1년 후 은퇴를 선언한 것이 의문사를 당할까 봐서라는 추측이 무성하니 중국인에게는 천부의 생존권이 없고 공산당이 인가하는 생존권이 있을 뿐인가 보다.

이런 납치·실종 미스터리와는 별도로 중국은 장기 매매가 큰 국가적 수익사업이다. 중국은 전 세계 의료 관광객들에게 이식할 장기를 사형수들과 정치범, 파룬궁法輪功 수련자들에게서 적출한다. 파룬궁은 불교와 도교의 가르침을 융합한 신체·정신 수련 체계일 뿐인데, 그 수련자들은 수시로 대규모 검거와 고문, 학살을 당하고 생체실험의 대상이 되거나 장기 적출 목적의 처형을 당하고 있다. 국제인권단체 등의 조사에 의하면 2000년부터 2005년 사이에만 중국에서 4만 1,500개의 기증자 불명의 장기가 이식되었다고 한다. 이제 신장위구르 지역의 반反체제 시위자도 100만 명이나 수용소에 갇혀있다니 중국의 장기 매매 사업은 오래 번창할 것 같다.

북한은 여행 자유 지역이 아니고 의료시설 낙후로 장기 장사를 못 하는 것이 매우 원통할 것 같다. 문재인 대통령은 북한의 인권 상황 개선에 대해 "압박한다고 효과가 나지 않는다"면서 북한 인권 향상을 위해 남한과 국제사회의 '협력'을 호소했다. 노동교화소와 정치범수용소의 문이 너무 무거워서 외국 군대가 가서 거들어야 열린다는 말일까? 2018/10/16

교황이
극복해야 할 유혹

『황금빛 로마』
시오노 나나미

프란치스코 교황이 김정은이 자기를 초청한다면 자기는 'available'하다고 말했다고 한다. 'available'은 상대방의 필요나 편의에 부응할 수 있는 상태라는 뜻이니 교황 개인선에서는 수락이라고 봐야 할 것이다.

중세·르네상스 시대의 교황은 무소불위의 권력자였다. 그레고리우스 7세(재위 1073~1085년)는 성직자 임명권을 주장한 신성로마제국의 하인리히 4세를 엄동설한에 3일간 성문 앞에서 석고대죄하게 했다. '파문'이라는 카드는 세속 군주를 속수무책으로 굴복시켰고, 교황들은 세속 군주들의 사활이 걸린 정략결혼을 방조할 수도, 방해할 수도 있었다.

시오노 나나미의 르네상스 이탈리아 연구서인 『황금빛 로마』를 보면, 알렉상드르 6세(재위 1492~1503년)는 그의 사생아 아들 체사레를 열여덟 살에 추기경으로 임명했고, 사생아 딸 루크레지아의 사생아 아들 조반니를 (성직을 떠나 군 사령관이던) 체사레의 사생아라고 교황청 교서教書를 내렸다가 다시 자신의 사생아라고 교서를 내렸다.

　바오로 3세(재위 1534~1549년)는 자기의 사생아 아들들인 알레산드로와 기도를 각각 14세, 16세에 추기경으로 임명했다. 그래도 그의 권력과 권위는 조금도 손상 받지 않았다.

　근세에 들어와 가톨릭교회가 세속적인 권력을 잃게 되자 교황청은 경건함과 신성성을 크게 회복했지만 비판을 초월해 있는 존재는 아니다. 교황은 인간의 '거룩함에 대한 열망'을 충족시키는 상징적인 존재이기 때문에 자칫하면 교황이라는 직위를 크게 훼손하고 신자들을 심히 실망시킬 수 있다.

　이번 교황 프란치스코는 사제들의 성적性的 비리를 사면하는 등 위태로운 행보를 많이 보였다. 그래서 그는 북한 방문에 극도로 신중해야 하지 않을까. 교황이 북한에 가서 북한의 수용소 문이 활짝 열리고 북한에 종교의 자유가 꽃피지 않는다면 교황 개인과 가톨릭교회의 권위와 신성성이 크게 손상될 것이고, 무수한 신자의 이탈을 불러올 수도 있다.

　프란치스코 교황에게 북한 방문은 거부하기 어려운 도전일 수 있다. 신神의 대리인인 교황으로서 많은 우려와 반대에도 불구하고 지구상 최악의 인권 말살 국가를 방문해서 살인마 독재자에게 '하느님의 역사役事'를 이루어내고 싶은 욕망이 어찌 일지 않겠는가? 그러나 살인마에게 면죄부만 주고 온 꼴이 된다면…? 대한민국 대통령이 그 도구가 되어서는 아니 될 터인데…. 2018/10/23

100년의 학습을
허사로 만들 것인가?

『미행일기』(美行日記)
박정양

구 한말 박정양은 40대 후반의 '신중하고 총명하며 정성으
    로 봉공하는' 신하로 고종이 특별히 신임해서 초대 주
미駐美 전권공사에 임명된다.

　조선이 외국과 동등한 자주국가의 자격으로 체결한 최초의
조약인 조미수호통상조약(1882)으로 미국의 전권공사가 부임한
데 대해 조선이 답례 삼아 파견한 11명의 보빙사報聘使는 외교관
이라기보다 견학사절단에 가까웠던 것 같다. 그런데 대부분 열
혈청년이었던 이들 중 다수가 귀국 후 급진적 개혁을 목표로 쿠
데타(갑신정변)를 일으키니, 외교관 파견에 대한 조야의 반대도
컸을 것이고 고종의 입지도 매우 곤란했을 것이다.

　그러나 청나라의 내정간섭이 더욱 심해지니 미국의 보호가
아쉬워져서 고종은 1887년에 정식 전권공사를 파견한다. 곤궁
하고 말할 수 없이 낙후된 나라, 청나라와 일본이라는 사자와
승냥이 사이에 끼어 명줄이 위태로운 조국을 외교로 살려내야
한다는 사명감이 박정양을 얼마나 짓눌렀겠는가.

그래도, 외교관으로 훈련을 받은 바도 없고 나라가 재정적 뒷받침을 못 해주어 만찬 한 번을 베풀지 못하고 (전용 마차 같은) 이동수단도 없어서 발로 뛰는 외교도 할 수 없었지만 볼 수 있는 것은 무엇 하나 무심히 보지 않았다.

철도망, 학제學制, 상·하원, 기타 미국의 문물이나 제도 등은 대부분 깊이 경탄하고 부러워했고 이브닝 파티에서의 여성의 깊게 파인 의상에는 몹시 난감했으나 남편 부재 시 아내가 손님을 맞이해서 접대하는 미국 풍속은 좋게 보았다. 박 공사는 미국인은 국민이 편리하게 이용하는 것에서 '정밀함에 정밀함을 더하고 궁극적으로 사려하여 마침내 이를 완성시키고야 만다. 그러므로 지모와 기예가 날로 발전하니, 이것이 세계에서 가장 부강한 이유'라고 부러워했다. 그때까지 동전을 꿰어서 차고 다녀야 했던 나라의 관리에게 사람들의 신뢰에 의해 한갓 종이가 화폐가 될 수 있음을 보여준 조폐창은 깊은 감명을 주었다.

그로부터 130여 년 우리나라는 서구 문명을 열심히 배워서 신뢰를 기반으로 하는 사회를 완성해가고 있는데, 이제 정부가 힘없는 비非조합원 노동자들을 억울하게 소외시키고 고용 세습을 일삼는 노조를 편들고 공기업, 공공 기관의 악랄한 채용 비리를 가려주는 듯하니 이 나라와 국민의 100년 대업大業이 허망하게 무너지는가? 2018/10/30

인류 문명의
위기에서

『유럽의 기이한 죽음』
더글러스 머리

파키스탄의 대법원은 지난주 수요일 아침, 1심과 2심에서 신성神聖모독 혐의로 사형선고를 받은 기독교도 아시아 비비에 대한 무죄판결문을 발표했다. 외신들 보도에 따르면 다섯 아이의 어머니인 비비는 2009년 어느 날 같은 동네 무슬림 여성들과 밭일을 하다가 집단 폭행을 당하고 며칠 후 신성모독죄로 고발당했다. 그 후 하급심에서 사형을 선고받고 8년간 창문 없는 독방에 수감되었는데, 그동안 그녀를 구명하고자 한 펀자브 주지사와 소수민족부 장관이 살해당했다.

대법원이 증거 불충분을 사유로 비비에게 무죄를 선고하자 주요 도시에서 시위대가 도로를 점거하고 차량을 불태우고, 경찰에 돌을 던지며 판결을 번복하지 않으면 대법관들을 죽이겠다고 협박했다. 판결 후 3일간 시위대가 일으킨 물적 피해는 1조 4,000억 원으로 추산되고 있고, 비비는 아직 석방되지 못했고, 비비의 변호사는 국외로 피신했다.

폭력 시위로 전국이 마비되자 파키스탄 정부는 비비를 출국

금지하라는 폭도의 요구를 수용하기로 했다고 한다. 국외로 즉시 망명할 수 없으면 비비는 석방되는 순간 살해될 것이고, 파키스탄의 300만 기독교도는 또 한 번 공포에 숨죽이고 살아야 한다. 지금까지 파키스탄에서는 신성모독죄 피의자 65명이 군중에게 살해되었다.

오래전 모로코에 갔을 때 만난 투어 가이드는, 아내가 몇 명이냐는 한 관광객의 질문에 자기와 자기 주변의 모든 남자는 아내가 하나이고 모조리 엄처시하에서 산다며 엄살을 부렸다. 내가 만난 소수의 무슬림 학자, 외교관은 신사들이었다. 그리고 다수의 무슬림은 소박한 생활인으로 보인다. 그러나 이교도는 죽여야 한다는 쿠란의 명령을 절대적으로 받드는 무슬림도 참으로 많다.

영국의 시사평론가 더글러스 머리는 저서 『유럽의 기이한 죽음』에서 "지금 유럽인들이 (기독교에 기반한) 서구 문명의 정신적 가치와 자유민주주의의 정체성이 주는 확신을 잃고 과거 식민지 경영을 속죄하고 보상하고 싶은 마음에 무슬림 이민, 난민을 손 놓고 받아들였다"고 분석했다. 그 결과 무슬림이 강력한 정치 세력이 되었고 무슬림에 의한 범죄가 유럽에 횡행하고 있다고 단언한다. 난민은 일단 받아들이면 어깨를 비비며 대대로 함께 살 수밖에 없다. 우리는 우리 후손에게 크나큰 멍에를 지우지 않을 이민 정책을 신중히 수립해야 한다. 2018/11/6

유튜브에
재갈을 물리면

『없어서는 안 되는 반론』
월터 리프먼

18세기 프랑스 계몽주의의 대표적 사상가 볼테르는 "나는 당신 말이 지독히 마음에 안 든다. 그렇지만 당신이 그 말을 할 권리는 목숨을 걸고라도 수호하겠다"고 말한 것으로 전해진다. 얼마나 멋있는 말인가!

'현대 언론학의 대부'라는 월터 리프먼은 "우리는 표현의 자유 수호를 볼테르 식式으로 타인의 권리를 배려하고 보호하는 선심성 행위로 생각하기 쉬운데, 사실 타인의 언론 자유는 나 자신을 위한 안전장치"라고 말한다. 위정자가 가혹한 비판을 들어야 국가를 바로 이끌 수 있는 것은, 아픈 사람이 의사의 솔직하고 거침없는 진단을 들어야 병을 고칠 수 있는 것과 같다고 리프먼은 비유했다.

민주주의 국가에서 국회의 존재 이유는, 대다수 일반 국민이 국가 대사大事에 대해 다각적으로 검토하고 깊이 사고思考하기가 어렵기 때문에 의원들이 국민을 대리해서 무제한 토론을 통해 국가가 나아갈 최선의 길을 도출하는 것을 돕기 위함이다.

그런데 우리 국회는 정쟁에 파묻혀 파행을 거듭해 왔고 이제는 존재감조차 희미해졌다.

문재인 정권은 국가의 운명을 좌우할 주요 시책을 아무런 토론이나 숙의 과정 없이 일방적 발표와 동시에 시행하고, 그 역효과가 아무리 심해도 더욱 강력히 추진한다. 그런데 공영방송은 견제 장치 역할을 못 할 뿐 아니라 오히려 정권의 나팔수가 되었다.

이렇게 답답하고 암담한 상황에서 유튜버들의 출현은 가뭄에 단비처럼 고마운 것이 아닐 수 없다. 유튜버들은 나의 불만을 대변해 주고 나라가 나아가야 할 길을 제시하고, 우리가 처한 상황의 국제 관계적, 현대사적 맥락을 규명하고 해설해 주어서 유익하고 재미있다.

물론 개중에는 군더더기가 많고, 표현이 거칠기도 하고 정보나 예측이 부정확한 방송도 있지만 전체적으로 그 순기능이 역기능의 몇 배임은 틀림없다. 나라가 위태롭게 되니까 백가쟁명이 일어나고, 난세에 빛을 발하는 재사才士와 문사文士가 등장하는 것이 이 상황에서 적잖은 위로가 된다.

이렇게 유익한 유튜브를 정책 담당자들이 열심히 시청한다면 정부가 수많은 시행착오를 피하고 국민이 갈망하는 정책을 펼 텐데, 이 정부는 유튜버들을 박해하고 '가짜 뉴스'로 몰면서 재갈을 물리려고 한다. 중병重病을 진단한 의사를 죽이는 어리석은 환자처럼. 2018/11/13

말벌을 격퇴하는
꿀벌의 비상수단

「다부원에서」
조지훈

올해 초에 BBC에서 방영한 「남한: 지구의 숨겨진 황야」 다큐멘터리를 얼마 전 보았다. BBC의 백년 다큐멘터리 제작 노하우가 유감없이 발휘된, 고즈넉이 마음에 스며드는 자연 다큐멘터리였다.

우리 한국인들도 잘 몰랐던, 물고기를 잡아먹는 거미와 달팽이를 잡아먹고 영롱한 반딧불이로 해탈하는 반딧불이 유충, 가시연 잎 위를 사뿐사뿐 걸으며 먹이를 잡아먹는, 그러나 자주 가시에 찔려 아파서 발을 터는 물꿩 등도 흥미로웠지만 우리가 안다고 생각했던 순천만, 우포 늪, 주남 저수지 등도 경이롭게 다가왔다.

배가 다닐 수 없는 순천만 습지의 주민들은 한 발로 노를 젓듯 특수한 수레(?)를 밀고 다니며 습지 생명을 낚아서 살아가고, 얼지 않는 주남저수지에서 월동하러 시베리아에서 날아오는 100만 철새의 군무는 환상적이라는 표현으로는 어림도 없다. 우포 늪 작은 짱뚱어의 간절한 구애는 안쓰러움과 웃음을 자아낸다. 한국의 매부리(응사·鷹師)는 매와 교감을 쌓지만, 매는 언젠가는 자연으로 돌아간다는 것을 알기에 매번 그날이 마지막일 수 있다는 각오로 매를 날려 올린다고 한다.

모두가 60대 이상인 마라도 해녀 중에는 열두 살부터 82년간 물질을 했다는, 육지에서는 걷기도 힘들지만 바닷속에서는 헤엄을 친다는 94세 왈수라 할머니도 있다. 해녀들은 서로를 지키지만 갑자기 풍랑이 세지면 바닷속에서 의식을 잃거나 죽을 수도 있다. 그래도 해산물 채취는 때가 중요해서 물살이 웬만큼 센 날도 위험한 물질을 한다.

이 다큐는 "한국인들은 자연 세계와 조화를 이루며 수천 년을 살아왔다"며 끝맺는다. 이 소중한 땅, 우리 후손에게 반드시 그 아름다움과 비옥함을 물려주어야 할 땅이 한국동란 때 얼마나 수난을 당했던가. 조지훈 시인은 6·25 초기 최대 격전지였던 다부동이 초토화된 모습을 이렇게 애도했다.

'피아彼我 공방의 포화가/ 한 달을 내리 울부짖던 곳… 조그만 마을 하나를/ 자유의 국토 안에 살리기 위해서는/ 한해살이 푸나무도 온전히/ 제 목숨을 다 마치지 못했거니…'

다큐 속의 꿀벌들은 집과 유충幼蟲들을 지키기 위해 장수말벌들에게 떼로 달려들어 자기 몸을 찢고 태워 끝내 물리친다. 지금 내부의 적과 외부의 적이 노리는 이 강토를 우리 말고 누가 지킬까? 2018/11/20

사람의
몸값과 말 값

『언어인간학』
김성도

어학자 김성도 교수는 그의 역저 『언어인간학』에서 제대로 습득한 모국어는 한 인간을 지적知的·정서적·윤리적 차원에서 성장시키는 기능을 한다고 말했다. 또한 언어는 의사소통의 도구를 넘어 정신적 성장을 가능케 하고 사유思惟 능력을 기르며 내면세계를 형성할 수 있게 하는 것이며, 올바른 언어의 사용은 진실, 선함, 아름다움의 가치를 터득하게 한다고 주장한다.

그런데 정치인의 가장 큰 자산이 '흙수저 출신'인 나라에서 정확하고 정밀하며 품격 있는 언어 사용을 말하면 씨도 먹히지 않을 수 있겠다. 하지만 우리가 쟁취하려는 평등 사회는 품위品位 따위의 '비非서민적 가치'는 짓밟아버리고 모두가 본능적 수준의 삶을 사는 사회는 아니지 않은가? 게다가 말이 반듯하지 않으면 사고가 왜곡되고 만다.

바쁜 세상에, 말은 듣는 사람이 알아먹기만 하면 됐지, 섬세함과 정확성에 품위까지 갖출 여유가 어디서 나느냐는 반문反

問이 들리는 듯하다. 물론, 문법의 오류, 표현의 비논리성보다는 기만적欺瞞的 내용이 더 심각한 문제이지만 요즘 우리 모두 무심코 쓰는 몇몇 표현들에 대해 반성해 보았으면 한다.

한민족의 아름답고 소중한 자산인 우리말을 아래와 같이 쓰는 사람이 정확하고 엄밀한 사고를 할 수 있을까? 더욱이 국제무대에서 논리적이며 세련된 외교적 수사修辭로 나라를 궁지에서 구할 수 있을까?

"다이빙귀가 ○○○ 대통령을 접견하고 갔다."(정확한 표현은 '○○○ 대통령이 다이빙귀를 접견…) "평판조회의 부각이 높아지고 있다." "소멸을 날려보냈다." "국민을 갈등시킨다." "고객 500만 명 돌파기념을 맞이하여…." "쉴 거리가 풍부하다." "뇌경색이 뇌졸중 증가에 기여하고 있다."

"9시에 잠수교가 침수될 예정입니다."(정확한 표현은 '…침수될 것으로 예상됩니다') "피해액이 60억에 달할 예정입니다." "이 병은 쥐벼룩이 옮기는 것으로 되어있다." "우리 사회가 민주화되지 못한 것은 존재론 때문이다." "이런 분들은 당첨이 힘들어지는 부분이다." "이제 도박꾼도 남성들만의 일이 아니다." "그분은 자기 아들이 독살설에 의해 죽었다고 주장했다고 하겠습니다." "오래 기다리게 해드려 죄송합니다."

장황하게 해드려 죄송합니다. 2018/11/27

공멸共滅을 부르는
복수극

『폭풍의 언덕』
에밀리 브론테

영국에서 연극이 대중의 오락으로 자리를 잡아가던 16세기 후반, 흥행의 보증수표는 '복수극'이었다. 공연도 환한 대낮에 이루어졌고, 무대 장치도 엉성했고, 관객 수준도 높지 못했던 때, 관객의 공감과 몰입을 가장 쉽게 유도할 수 있는 소재가 '복수'였기 때문이리라. 사실 복수극의 족보族譜는 고대 희랍과 인도의 서사시로 거슬러 올라가고, 한국의 '막장드라마'에까지 면면히 이어지고 있다.

인류사에서 씨족사회나 부족사회가 범죄를 예방하거나 처벌할 역량이 없었던 단계에서는 혈족의 살상殺傷에 대한 복수가 의무였다. 그러나 복수는 과도해지기 쉽고 엉뚱한 대상한테 행하기도 쉽다. 그래서 현대 문명국가들은 사적 보복을 금하고 법에 의해서만 해결하도록 한다. 그리고 종교는 용서를 최고의 미덕으로 가르친다.

그러나 인간의 원초적 본능인 복수심 앞에서 종교의 가르침은 대개 무력하다. 그리고 복수심의 승화를 가르치는 대신 증오를 주입해서 복수심에 불타는 인간을 권력 투쟁 도구로 삼으려는 기획이 무성하다. 우리나라의 '운동권'은 증오와 (대리)원한의 교습소였다. 며칠 전 유성기업의 노조원들이 회사 간부를 폭행한 사건은 인위적으로 배양된 '원한'이 인간을 맹수로 만들고 문명을 파괴하고 법을 무력화하는 실상을 보여주었다.

작년과 올해 우리나라는 국가가 법률의 이름을 빌려 복수의 카니발을 벌이고 있다. '적폐 청산'이라는 명분은 무소불위의 흉기가 되어 '촛불' 세력에 밉보인 모든 인물, 기관, 세력을 때려눕혔다. 자리에서 쫓겨나 처절하게 무력해진 전직 대통령을 위시해서 군, 사법부, 검찰, 정보기관, 대기업 등 국가의 버팀목들이 무차별 폭격을 맞아서 국가의 안보도, 치안도, 국민의 의식주도 백척간두에 서게 되었다. 강성 노조들의 복수심은 기어코 나라를 박살내고야 말 것 같다. 그리고 이 정부는 124년 묵은 '동학혁명'을 파헤쳐서 보복 대상이 고갈되지 않게 하려는 모양이다.

에밀리 브론테의 『폭풍의 언덕』에서 언쇼 씨는 거리의 고아 히스클리프를 자기 집에 데려와 아들처럼 키운다. 그러나 히스클리프는 언쇼 씨의 딸 캐시에게 배척당한 원한 때문에 은인의 아들, 사위, 손자, 손녀, 사돈, 모두를 죽음에 이르게 하거나 죽도록 괴롭힌다. 우리나라엔 얼마나 더 잔인한 폭풍이 휩쓸고 가야 화합의 봄날이 올까? 2018/12/4

1914 사라예보를
기억하라

『고참병』
마거릿 콜

나는 정치적 인간을 혐오하지만 요즘은 차라리 문재인 대통령이 정치적 인간이었으면 이토록 답답하고 막막하지는 않았을 것 같다. 정치적 손익에 민감하다면 탈脫원전 정책이나 소득 주도 성장을 저렇게 미욱하게 밀고 나갈 수는 없을 터이고 조국 민정수석을 재신임할 수도 없을 것이다. 더 심각하게는 그가 추진하는 방식의 대북 정책이 불러올 재앙에 대해 개념도 없는 것 같다. 김정은이 서울에 오면 북핵 폐기가 진척될 것이라니, 어찌 그리 순진무구한 생각을….

문 대통령은 김정은이 서울에 와서 손만 흔들어주면 한국 국민이 그를 차기 대통령감으로 점찍고, 그의 권력 유지와 쾌락을 위해서 혈세를 무진장 퍼주고 싶어 할 것으로 기대할지 모르겠다. 그러나 안 오게 하는 것이 김정은 자신과 대한민국을 위해 좋을 것이다.

김정은을 없애고 싶어 할 개인과 집단이 한둘인가. 김정은이 언제 총애를 거두고 수용소에 보낼지 몰라 좌불안석인 북한의 권력 엘리트들, 부모가 김정은에게 무참히 살해돼 그 원한에 떠는 탈북민들, 동족의 70년 고난을 정의正義의 칼날로 응징하고 싶은 열혈 지사, 그리고 세계 평화를 위해서 암적癌的 존재를 도려내고 싶은 세력…. 그러나 김정은에 대한 여러 시도는 만일에 성공하더라도 무력 충돌을 유발할 것이고 그 사태가 어떻게 비화할지는 아무도 모른다. 1914년 6월 28일 사라예보에서 울린 총성은 전 세계를 뒤흔들지 않았는가?

1차 세계대전 당시 20대 처녀로서 후에 작가, 시인, 정치가로 명성을 얻은 영국의 평화주의자 마거릿 콜은 『고참병The Veteran』이란 제목의 시詩에서 당시 전쟁의 참상을 이렇게 소묘했다.

"우리는 볕을 쬐고 있는 그를 우연히 보았다./ 전쟁에서 눈을 잃고 남겨진 군인./ 철책 너머 주점에서 젊은 군인들이 나와서/ 그에게 경험자의 충고를 들려 달란다.

그는 이런저런 이야기를 하고/ 사람의 머리가 폭탄에 날아가는 악몽을/ 들려주었다. 그러고는 우리의 기척을 듣고/ '불쌍한 친구들, 초년병들이 상상이나 할 수 있겠어?'라고 말했다.

그리고 우리는 거기 서서 그가 눈알 없는 눈을/ 병사들이 사라져간 방향으로 돌리는 것을 지켜보았다./ 그리고 우리 중의 하나가 궁금해져서 물었다./ '그런데 몇 살이세요?'/ '5월 3일이면 열아홉 살 돼요.'" 2018/12/11

이재수,
물 위에 씌워질 이름인가?

『난중일기』
이순신

10여 년 전에 방영되었던, 탤런트 김명민 씨가 이순신 장군 역으로 열연했던 연속극에는 이순신 장군이 정유년에 서울로 압송되어 모진 문초를 당하고 풀려나 임지로 돌아가는 길에 문전박대를 심하게 당한 것으로 그려졌다.

그러나 노승석씨 완역본 『난중일기』의 정유년(1597년) 4, 5월 분을 보면 이순신 장군이 옥문을 나오면서부터 친척과 친지들이 그를 맞아줬다. 또 그가 가는 곳마다 감사, 부윤, 현감 등 지방 수령들이 인사를 오고 사람을 보내 문안하고 음식을 보냈다. 안타까운 일은 지극한 효자였던 장군이 모친을 뵈러 집에 들르는데 장군이 당도하기 직전에 어머님이 운명하신 것이었다. 장군의 비참한 심경이야 어찌 말할 수 있었겠는가만 출옥해서 병영으로 돌아가는 길에는 장군을 위로하고 경의를 표하는 사람들로 가득했다. 아는 사람이 없는 고을에서는 누추한 곳에 숙박하거나 숙박을 거절당한 일도 있었지만, 체찰사體察使 이원익도 조문하는 뜻에서 상복을 입고 그를 맞았다.

선조의 눈 밖에 난 이순신 장군을 환대하고 위로했던 사람들을 떠올린 것은 지난 7일 자살로 생을 마감한 이재수 장군의 빈소가 매우 쓸쓸했다는 말을 들은 후였다. 이재수 장군과는 개인적인 면식이 전혀 없고 오로지 언론 보도를 통해 그의 처지와 인품을 짐작할 뿐이다. 하지만 이 장군 사망 후에 나온 여러 사람의 말과 글, 그리고 장군의 유서를 보니 참으로 성품이 곧고 훌륭한 분인데 얼마나 치욕스러운 압박을 받았으면 자살을 선택했을까?

국가 유고有故 시엔 유능하고 충성스러운 장군 한 사람이 몇백만 명의 국민을 살리는 것이 아닌가? 그런데 이 정부엔 나라가 수십 년 기른 장군이 안보의 보루라는 개념조차 없고 오히려 존경받는 장군의 명예를 훼손하고 굴욕을 주어서 군의 사기를 저하시키고 무력화無力化하는 것이 국가 경영 전략인 모양이다. 장군의 빈소에 황교안 전 총리를 비롯한 사회 지도자들의 조문이 있었다지만 군 장성, 간부의 조문이 드물었다고 하니 비애가 느껴진다. 군복이 모두 촛불에 타버린 것일까?

이번 이재수 장군의 비통한 죽음에 그의 많은 선후배 장성·장교가 조문하고 집단 추모사라도 읽었더라면 장군의 억울한 영혼과 국민의 슬픔이 위로받고 국민의 마음에 군의 존재가 그토록 희미해지지도 않았을 텐데…. 우리는 슬픔조차 반역이 되는 시대에 살고 있나 보다. 2018/12/18

권장할
노년의 사치

『노년에 관하여』
키케로

로마 공화정 시대의 탁월한 정치가이며 웅변가, 사상가였던 키케로는 저서 『노년에 관하여』에서 "나이를 먹어서 누릴 수 없게 되는 즐거움은 더 고차적이고 세련된 즐거움으로 대체할 수 있다"고 말했다. 공자는 섭공葉公이 제자 자로에게 공자가 어떤 사람이냐고 물었는데 자로가 대답을 안 했다는 말을 듣고 "너는 왜 내가 배우기를 좋아해서 공부에 몰두하면 먹는 것도 잊으며 [道를] 깨닫게 되면 즐거워서 근심조차 잊어버려 늙어가는 줄도 모르는 그런 사람이라고 하지 않았느냐"고 나무랐다.(논어 술이편 18장).

올해 85세인 전상범 서울대 명예교수가 최근에 생애 40번째 저서 『주석과 함께 읽는 햄릿』을 출간했다. 요즘은 대부분 대학 영문과에서 셰익스피어가 필수 이수 과목이 아니라서 셰익스피어와 일면식도 없이 영문학사, 석사가 되는 사람이 많은 현실이 애석해서 누구나 셰익스피어를 쉽게 접하고 제대로 이해하도록 도와주는 길잡이를 펴낸 것이다.

전 교수는 집필에 앞서, 자신이 고령으로 체력도 쇠퇴했고 얼마간 지병도 있는 터라서, 작업 속도를 정했다고 한다. 선정한 텍스트의 한 페이지씩만 매일 작업한다는 것이었다. 올해 1월 1일부터 매일 오전, 주석서 열 권과 번역서 여섯 권을 펼쳐 놓고 그날 분 페이지에서 세월과 함께 의미가 달라진 단어, 변한 문장의 구조, 셰익스피어의 특이한 어휘 구사, 신조어, 합성어, 언어유희, 역사적 또는 당대 사건에 대한 암시 등에 관한 제일 타당하고 우수한 주석註釋을 고르는 데 대개 2~3시간씩 걸렸고, 정확히 206일 만에 206페이지의 텍스트에 대한 주석 작업을 끝냈다고 한다.

우리도 이제 고령화 시대가 되어 노년의 권태와 우울감이 국가적 문제인데, 사실 오늘날 중년 이상 세대는 대부분 '생업'에 목을 매 취미나 적성을 희생하고 살았다. '밥값'을 대강 했으면 이제부터 늘 하고 싶었던 것을 해봐도 되지 않겠는가? 어떤 지인은 취미로 그림을 그려서 개인전도 열고, 어떤 지인은 잊힌 유행가 가사를 수집하기도 하고 내 고장이 낳은 인물을 탐구하기도 하면서 만년晩年의 사치를 톡톡히 누린다. 무엇이라도 내게 흥미롭고 가치 있는 일을 한 가지 절도 있게 꾸준히 하면 오늘이 소중하고 내일이 기다려지는 생을 살 수 있지 않겠는가? 그러면 나라의 품격도 저절로 올라갈 것이다. 2018/12/25

고결한
'상놈 정신'을 본받자

『한국과 그 이웃들』
이자벨라 비숍

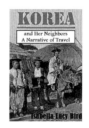

○○ 우옌 딘 뜨라는 베트남 사업가가, 박항서 베트남 국가대
표축구팀 감독의 빛나는 업적에 대한 사은謝恩의 의미로
한국인이면 누구나 자기 상점에 와서 한 개씩 물건을 가져가라
고 했다고 한다. 전국에 10여 개 체인점이 있는 그의 상점의 상
품은 몇백 원, 몇천 원짜리가 아니고 구두와 핸드백 등 가죽 제
품이었다. 그런데 그 소문을 듣고 한국의 단체 관광객들이 여러
조 대형 버스를 타고 몰려가서 물건을 쓸어왔다고 한다.

한국인임이 부끄러워지는 소식인데 다행이도 이 사실이 알
려지자 한국 교민들이 뜨 사장의 호의에 보답하고 손실을 보
상해주기 위해 그의 상점을 방문해서 네댓 개씩 상품을 구입
했다고 한다. 그래서 우리는 동족에게 절망하기도 하고 감복하
기도 한다.

25세였던 1888년부터 40년간 조선에서 선교하면서 큰 족
적을 남긴 게일 선교사는 그의 『조선, 그 마지막 10년의 기록』
에서 "[조선의 상놈은] 나를 당당하게 면전에서 완벽하게, 그것

도 여러 번 속일 수 있기 때문에 상놈을 존경한다"고 '고백'했다. 계속 어처구니없이, 두 눈 뜨고 당하니 '두 손 들었다'는 말의 반어법적 표현이지만 게일 선교사는 또한 여러 번, 그토록 가난하고 무력한 민초들에게서 놀랍게 고귀한 심성心性을 접하고 감격했다. 그에게 긴급 노자와 선교 자금 800달러를 전하기 위해서 300㎞를 사흘에 달려와 기진맥진 쓰러진 상놈에게 어찌 감동하지 않을 수 있었겠는가? 800달러라는 '팔자를 고칠 만한' 거금을 갖고 잠적하거나 도둑을 맞았다고 할 수도 있었을 텐데.

어느 나라의 민초民草가 그렇지 않았을까만은 조선의 민초들은 너무나 비참했고 너무나 몽매했다. 그래서 다수는 정직하지 못하고 의존적이고 게을렀지만 기본 상황이 조금만 나아지면 부지런하고 위생적이고 협동적이 되었다. 19세기 말 극동 지방을 여행했던 영국인 비숍 여사는 게으르고 무기력한 조선의 서민이 만주에 이주하면 당당하게 자기 삶의 주재자로 변모하는 현상을 경탄했다. 서민의 힘을 국가 발전에 동원할 수 없었던 조선은 비참하게 멸망했다. 그러나 이제는 우리의 서민도 무기력하고 몽매하지 않다. 구한말만큼이나 총체적 국가 부실에 직면한 2019년 벽두, 우리 국민은 모두 더 이상 공짜 선물, 공짜 복지, 공짜 안보에 기대지 않고 내 나라를 내가 구하기 위해 온 힘을 바칠 각오를 다져야겠다. 2019/1/1

내부 고발은
국가 안전장치인데…

『국화와 칼』
루스 베네딕트

2차 세계대전 중 미국은 일본과 일본 병사들의 납득 불가능한 행동 때문에 작전 차질이 막심하자 저명 인류학자 루스 베네딕트에게 일본 국체國體와 국민성 형성 배경을 연구해 달라고 한다.

그래서 저술된 『국화菊花와 칼』을 보면 도쿠가와 막부 시절 일본의 농민들은 영주(다이묘·大名)의 가혹한 세금과 부역을 견뎠지만 세금이나 부역이 추가 부과될 때에는 그것을 취소해 달라는 청원서를 공동으로 작성해서 영주에게 올렸다. 그 청원이 무시되면 농민 대표가 막부를 찾아서 쇼군에게 탄원서를 냈다. 그러면 쇼군은 반드시 그 실태를 조사해서 판정을 내려 보냈는데 반 정도는 농민에게 유리한 판정이었다고 한다. 그래도 그 탄원을 제출한 농민은 신분 질서를 어지럽힌 죄로 사형을 받는데, 마을 사람들이 그 형장에 가서 애도하고 사후에 사당을 세워서 의인으로 기렸지만 형장에서 폭동을 일으키지는 않았다고 한다.

이 대목을 읽으며, 일본인의 침착함은 그런 안전장치가 있어서, 즉 가혹한 삶이었지만 권력자의 압제와 수탈에 저항할 길이 한 줄기 열려 있었고 한 사람이 용기를 발휘하면 공동체가 구원을 받을 수도 있었기 때문이 아닌가 생각했다. 그들이 독하게 보이는 것도 비상시에는 가족과 마을을 위해서 내가 죽음의 청원을 감행해야 할 수도 있다는 생각 때문일 수도 있을 것 같았다.

조선의 개국 공신 정도전이 설계한 '신권臣權 국가'는 지혜와 덕을 갖춘 신하들이 왕의 통치를 보좌하고 왕 한 사람의 전횡을 막는 국가였다. 신권 국가에서는 중신과 언관들이 민초들의 애로를 대변해야 하는데 자신들의 이익만 챙기기 일쑤였고 민초들이 임금에게 직접 호소할 통로는 거의 없었다. 그래서 민초들은 관리들의 횡포와 수탈을 견디다 못해 도적 떼가 되거나 민란을 일으켰다.

내부 고발자란 가마솥의 증기 배출구 같은 것 아니겠는가? 그 작은 배출구가 없으면 아무리 튼튼한 무쇠솥도 결국 폭발하고 만다. 요즘 신재민 전 기재부 사무관과 김태우 전 청와대 특감반 수사관이 겪는 말 못 할 시련과 박해를 보면서, 이토록 악랄한 음해와 모함으로 내부 고발을 차단하려는 이 정권은 마침내 폭발할 것이라는 생각을 한다. 신 사무관과 김 수사관이 받는 핍박은 이 정부에 국민이 어떤 존재인지를 보여준다. 2019/1/8

현 정부는
인재의 무덤?

『북학의』
박제가

조선시대 실학자 박제가는 중국을 가서 보고 조선의 지배층이 후생厚生에 힘쓰지 않아서 백성이 극도로 불결한 환경에서 인간 이하의 생존을 하는 것에 통분했다. 외교관을 양성하지 않는 것도 박제가가 통탄한 조선의 후진성 가운데 하나였다.

조선은 중국에 매년 정기·부정기 사절을 보냈는데, 사대부였던 사신들은 아무도 중국어를 연마한 사람이 없어서 국경[만주 봉황성]부터 북경까지 2,000리 여정에 통과하는 고을 관원들과 안면을 트는 경우가 없었다고 한다. 통역관에게 절대적으로 의존할 수밖에 없는 사신은 숙소에만 틀어박혀 있어서 중국의 실정實情과 문물을 살피지 못하고, 중국의 통행 담당 관리가 뇌물을 요구하면 기꺼이 바칠 뿐이었다고 한다. 게다가 매년 다른 사람을 사신으로 보내니 외교 경륜을 쌓을 수가 없었다. 더욱이 조선 외교의 입이었던 통역관 선발은 부정이 심해서 역관이 제대로 중국어를 구사하는지도 알 수 없었고, 역관의 우선적 관심사는 거대한 이윤이 남는 교역이었다.

이승만 대통령은 나라의 암흑 시절 세계를 누비며 조선의 독립을 지원해 달라고 호소했다. 마침내 건국을 성취한 후 신생 대한민국에 대한 국제사회의 인정과 지지를 이끌어 낼 외교관의 기근이 얼마나 안타까웠겠는가? 그래서 외교관 양성은 지난 70년간 대한민국 주력 프로젝트의 하나였는데 현 정부 들어서 외교관이 사실상 용도 폐기된 듯한 느낌이다. 이 정부는 외교부 기능도 외교관 존재 이유도 관심 밖이고, 대사직은 '공신'들에게 나눠 줄 전리품으로 간주하는 듯하다.

대통령이 자기 주재국에 국빈으로 오는데 전방위 분투로 매 끼 알찬 행사를 마련하지 않고 열 끼 중 여덟 끼를 혼자 밥 먹게 한 대사가 대통령 비서실장으로 '영전'할 정도로 대사는 장식용인가?

한국 정부는 일본이 외교를 '국내 정치용'으로 한다고 비꼬면서 일본에 대해서 국제 교류의 기본 규칙을 무시한 도발과 강요를 서슴지 않으니, 상대편을 격분케 해서 우리 국민의 적대감을 불붙이려는 행위가 아닌가? 한편 혹시라도 경륜 있는 외교관이 정부의 외교 행태를 비판할까봐 강력한 경고를 날리는 것 같다. 우리가 이렇게 맹방 약 올리기 '실험'을 하다가 그들의 대응 조치로 경제·안보 파탄을 맞으면 우리 민족의 정신적 승리라고 자축할 수 있을까? 2019/1/15

손혜원의
얼굴

『이 세상』
잇사

대중매체에서 기사에 인물사진이 곁들여질 때 그 기사의 내용과 사진이 기막히게 어울려서 감탄하는 일이 많다. 같은 사람도 기사 내용에 따라서 위엄을 짓는 얼굴, 친근감이 가는 얼굴, 죄짓다 들킨 얼굴…. 그런데 어떤 얼굴은 언제나 비호감이다.

최순실과 국민의 첫 대면은 거의 모든 신문과 TV 화면에서 동일한 사진과 짧은 동영상을 통해서였다. 선글라스를 밀어올리고 웃는 사진과 지하 주차장 안에서 따라오지 말라고 손사래를 치는 동영상이었던 듯 한데 그 인상은 오로지 자신의 이익과 쾌락만이 존재 이유인, 염치나 남을 위한 배려나 자숙自肅 같은 것은 개념조차 모르는 그런 여자였다. 그래서 그 시점부터 홍수처럼 쏟아져 나온 그에 대한 무수한 과장, 거짓, 추측성 보도를 국민은 다 믿어버렸다. 박근혜 대통령을 위해서 참으로 불행한 일이었다.

더불어민주당에서 최순실과 대적할 만한 강력한 파괴력을

가진 얼굴의 주인공은 추미애와 손혜원이다. 추미애 전前 당대표는 상당한 미모이지만 표정과 눈빛은 잘 벼린 도끼를 연상시켰다. 추미애는 억지스러운 발언을 무수히 쏟아냈는데, 토지공유제 같은 나라의 근간을 뒤흔들 제도 도입을 역설할 때의 표정에서는 반대하는 자는 가만두지 않겠다는 투지가 읽혔다. 그러나 그녀 자신도 '토지공유제'를 제대로 이해하고 있었는지 의문스럽다.

손혜원 의원은 얼굴 표정, 발언 내용, 어조 모두 위력적 거부감을 유발한다. 손 의원은 자신이 "대중의 마음을 움직이는 방법을 알고 있다"고 자주 강조한다는데 의원으로서는 대중의 맹렬한 반감을 사야 할 필요가 있는 것인지? 그녀를 보고 있으면 '상식'이 존재하지 않는, 호전성이 유일한 생존 무기였던 원시시대로 돌아간 느낌을 받는다. 당명을 지어줬다고 해서 그리도 필사적으로 당을 호위해야 하는가? 최근 신재민 전 기재부 사무관에게 퍼부은 저주와 비아냥은 발악에 가까웠고, 작금에 터진 목포 '근대문화역사공간' 부동산 매입과 관련해 투기로 판명되면 '목숨도 내 놓겠다'는 해명 역시 섬뜩할 정도로 비정상적으로 들린다.

"이 세상/ 지옥의 지붕 위를 걸으며/ 꽃구경을 하네."

일본의 하이쿠 시인 잇사一茶가 읊었다. 모든 인생은 위태로운 곡예인데 탐욕적이고 전투적인 인간은 지옥의 지붕 위에서 광란의 탱고를 춘다. 2019/1/22

돛대 부러진
사법부

『베니스의 상인』
윌리엄 셰익스피어

『베』니스의 상인』에서 법관으로 변장한 포샤는, 안토니오
가 빌린 돈을 기일 안에 못 갚았으니 차용증서에 명시
된 대로 안토니오의 가슴에서 살 한 파운드를 베어내겠다고 달
려드는 샤일록에게, 꾸어준 돈의 3배를 받고 '자비'를 베풀라고
호소한다. 그래도 살점으로 받아야겠다고 우기자 "그렇다면 계
약서상 네게 그의 피를 흘릴 권리는 없으니 피를 한 방울도 흘
리지 않고 살을 베어야 한다"고 판결한다. 법조문에 완벽하게 충
실한 동시에 기막히게 '창의적인' 판결이었다. 복수심의 화신化
身 샤일록을 증오한 관객에게는 물론, 그의 설움을 지극히 가슴
아파한 필자에게도 샤일록이 살인자가 되는 것을 막아 준 고맙
고 감동적인 명名판결이었다.

김명수 현 대법원장이 법관의 '튀는 판결'에 토를 달지 말라
고 주문한 것은 이런 창의적 해석을 장려하자는 뜻이 아니었을
까? 그런데 김명수 사법부의 '튀는' 판결은, 헌법이 보장하는 대
통령 권한에서 월권한 것이 없는 박근혜 전 대통령과 전前 정부

인사들에게 언어도단의 형량을 '때린' 것과 국민의 형평성 감각이 납득하기 어려운 '양심적 병역 거부' 인정 따위이다.

지금 검찰이 수사한다는 양승태 대법원장이 이끌었던 대법원 판결은 이석기 사건, 일제 징용 등이라고 하는데, 정확히 어떤 부분이 위법이라는 것일까? 행정부와 판결 내용을 협의했다는 의혹 때문이라는데 판사가 모든 분야에 통달할 수 없으니, 더욱이 국가 안전과 국제 관계 문제는 해당 부서와 전문가 의견을 충분히 참작해야 마땅한 것 아닌가?

지금 문재인 정부의 극도로 독단적인 중대 정책들이 국민을 불안에 떨게 하고 있다. 무려 60조 원 투입이 예상되는 예비 타당성 조사 면제 토목 사업 수십 건, 5천만 국민 생명 값이 된 1,200억~1,400억 원 주한 미군 주둔비 추가 분담 거부로 안보 위기 초래, 중산층을 몰락시킬 부동산세 폭탄, 국민연금 지분을 활용한 대기업 의결권 행사 기도企圖 등…. 모두가 가히 전횡專橫이다. 이에 비해 양승태 사법부가 독단적인 판결 대신 고민하며 행정부 의견을 참고한 것은 불가피하고, 합당한 일이 아니었을까?

전임 대법원장 구속으로 나라의 품격이 한없이 추락했다. 국민이 사법부를 위해 상복喪服을 입는 날이 오지 않기를 바라는 심경, 비통하다. 2019/1/29

김경수의
선택

『대부』(代父)
마리오 푸조

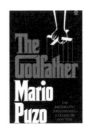

O권이 김경수에게 실형을 선고한 성창호 판사를 '양승태 적폐도당'으로 매도하고 대대적 규탄 시위를 벌이고 탄핵 협박까지 서슴지 않고 있다. 2심 재판관에게 '알아서 기라'는 경고일 것이다.

작년 지방선거 때, 당시 드루킹 사건 관련 혐의가 명백히 드러나다시피 한 김경수를 더불어민주당이 경남도지사 후보로 공천하는 것을 보고 이 사람들은 법과 국민 앞에 자숙하는 시늉조차 안 하겠다는 사람들이구나, 생각했었다. 법이라든가 민주주의 프로세스라든가 정의에 대한 존중이라고는 안중에 없는, 나라가 우리 것이니 무엇이 유죄고 무엇이 무죄인지는 우리가 결정한다는 배짱이 아닌가.

성 판사의 판결문을 보니 성실하고 면밀하게 증거와 증언들을 검토해서 김경수의 유죄를 판단한 것 같다. 하지만 말미에 김경수의 행위가 '개인적 이익이 아니라 정당정책 실행, 국정 안정을 위한 것이라는 측면도 보인다'는 문구는 이해할 수 없다. 이 정권의 등장이 어떻게 김경수 개인의 이익과 무관하며, 범죄행위도 정당정책에 따른 것이라면 무죄인가? 그리고 여론 조작에 의한 집권이 국정 안정이란 말인가? 그런 어불성설의 정상참작(?)으로 국기문란 사범에게 겨우 2년형을 내린 것인가?

대설 해밋의 『몰타의 매[鷹]』나 마리오 푸조의 『대부』 같은 조직범죄 소설을 보면 범죄 조직은 범죄를 저지를 때 경찰에 범인으로 인도할 희생양fall guy을 정해놓는다. 그가 옥살이를 하는 동안은 조직이 그의 가족을 보살피고 그는 출소 후에 보상을 받는다.

김경수의 죄가 현 정권 탄생을 도운 공로이니 여권은 정권 방어를 위해서라도 그를 필사적으로 구하려 할 것이다. 그러나 심한 경기 하락과 국고 낭비, 인사 참사, 온갖 월권, 안보 허물기로 인해 등 돌린 민심이 이 국기문란 범죄를 정죄하려 한다면 어느 시점에는 그에게 모든 죄를 씌워 꼬리 자르기를 시도할 수도 있을 것이다. 벌써 대선 주자 '안, 이, 박, 김' 중에서 셋은 제거되었다는 말이 새어 나오고 있다. 김경수는 이제 구치소에서, '주군'과 조직을 위해 한 몸을 공양供養할 것인지 댓글 조작의 전모를 깨끗이 자백해서 이 나라의 민주주의를 구할 것인지를 놓고 무한히 번민해야 할 것이다. 그에게 대한민국의 충신이 될 길은 아직 열려 있다. 2019/2/12

칼 찬 순사보다
무서운 것

『정치의 자본주의 비틀기』
로버트 머피

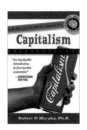

내생각에 이 정권은 국민의 생업을 염려하는 마음이 없고 잘못된 정책으로 인해 국민이 고통을 받아도 시정할 생각이 없는 역대 최악의 정권이다. 그래도 이 정부가 준 '선물'도 있다. 기업을 탄압해서 기업의 가치를 재인식하게 된 것과 공식 언론을 장악해서 수많은 인재, 논객의 유튜브 진출을 유도한 것이다.

꽤 근래까지도 기업가들에 대해서는 이질감과 편견을 많이 가졌었다. 그랬는데 이 정부 들어서 최저임금 인상과 노동시간 상한제 같은 조처로 중소기업은 물론 대기업도 존폐 위기에 몰리고 자영업이 속속 무너지는 게 아닌가. 그래서 기업 없이는 나라의 번영과 국민 생활 안정이 불가능함을 깨닫고 기업에 감사하는 마음이 일고 기업을 살려야 한다는 생각을 갖지 않을 수 없게 되었다. 로버트 머피는 위의 저서에서 정부의 기업에 대한 간섭과 통제가 어떻게 국가 경제를 망치고 국민을 고통과 궁핍으로 몰아넣는가를 조목조목, 여러 생생한 예를 들면서 설파하고 있다. 미국의 국영 철도 앰트랙 등 국영 기업들이 세금 먹는 공룡이 된 모습은 소름이 돋는데 그것이 곧 이번에 예타 조사를 면제하고 마구 시행하는 거대한 SOC 공사들의 장래가 아니겠는가.

그동안 우리 국민이 자본주의와 기업에 대해 나쁜 관념을 갖게 된 것은 자본주의의 여건이 미비했던 풍토에서 일부 양심 불량, 역량 미달 사업가들이 단기이익, 한탕주의 위주의 경영을 하는 사례가 왕왕 발생했기 때문이리라. 이제 기업 할 여건이 대강 구비되어서 불량·부실 기업이 도태되고 선진 기업 문화가 정착되고 있는데 현 정권이 들어서서 기업의 숨통을 조이며, 나라 경제를 실험 대상으로 삼아 실패를 거듭해도 '우리 사전에 중도 포기란 없다'는 식으로 밀어붙이니 나라가 완전히 망가지지 않는가. 이야말로 칼 찬 일제 순사보다 몇 백배 무시무시한 전횡이다.

일본의 순사는 조선 땅에서만 칼을 찾던 것이 아니었고 순사의 대검帶劍은 일본 본토에서 1883년부터 시행된 제도였다. 어느 직종에나 악질·저급 인간이 있기 마련이지만 일본 순사라고 다 악랄했던 것은 아니다. 1910년대까지는 교사도 칼을 찼는데 일본인 교사 중에는 영특한 조선인 제자가 가정 형편이 어려우면 백방으로 노력해서 진학을 도와준 사람이 많았다. 문재인 정부는 공포의 독선을 그만두어 주기 바란다. 2019/2/18

허무虛無를 선사하는 정부

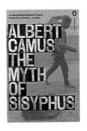

『시시포스의 신화』
알베르 카뮈

흐 | 랍신화 속의 시시포스는 제우스의 노여움을 산 그를 쇠
사슬에 결박하려는 죽음의 신에게 속임수를 써서 오히
려 그를 쇠사슬에 묶어 놓고 놀러 다니다가 신들에게 붙잡혀서
죽게 된다. 하지만 또다시 명부冥府의 신(또는 여신)을 속여서 인간
세계로 돌아와 머물며 지하로 돌아가겠다는 약속을 어기자 제
우스 신이 엄중한 벌을 내린다. 거대한 바위를 산정山頂 위에 올
려놓는 벌인데 바위는 산정에 닿는 순간 굴러떨어져서 시시포
스는 영원히 반복해서 그 바위를 져 올려야 한다.

실존주의 작가 알베르 카뮈는 그의 장편 에세이『시시포스
의 신화』에서 시시포스처럼 힘겹게 져 올린 바위가 굴러떨어지
는 실존적 허무와 무의미성에 직면하면 자연히 자살을 생각하
게 되지만 자살을 해서는 안 되고 항거해야 한다고 말했다.

정부가 4대 강 사업으로 건설된 금강과 영산강의 다섯 보洑
중에서 3개를 허물고 2개는 상시 방류를 하겠다고 발표했다. 지
금 허물겠다는 보 3개를 짓는 데 예산 2,000억~3,000억 원이

들었는데 허무는 데는 800억 원 또는 1,300억 원이 소요된다고 한다. 이 보들은 건설된 후 국민의 식수원, 농민들의 농업용수원으로 중요한 역할을 했고, 따라서 이들을 철거하면 당장 농업용수 부족으로 농작물이 타 죽게 되고 장마철에 홍수를 막을 수가 없게 된다고 한다. 그래서 농민들이 결사반대를 하는데도 정부는 철거를 강행하겠다고 하니 이는 다수의 국민에게 긴요한 국가적 자산을 임의로 파괴하는 행위가 아닌가? 이야말로 '한 번도 경험해보지' 않았을 뿐 아니라 상상조차 못해본 나라이다. 죽을힘을 다해 져 올린 바위가 굴러 떨어진 시시포스의 허무함이 절절하게 와 닿는다.

이제껏 이 정부의 주요 정책은 지난 수십 년간 정부와 국민이 함께 이룩한 번영의 토대를 잠식하고 파괴했다. 우리나라가 세계 제일의 원자력 강국이 되기까지 얼마나 많은 피와 땀과 기도가 투입되었는가. 그런데 이 정부의 '탈원전' 정책은 그 공든 탑을 폭파하고 있다. 청년들과 저임금 노동자를 위한다는 '소득 주도 성장' 정책은 이들을 실업의 나락으로 추락시키고 있다. 다음 세대의 관심을 학업보다는 잡념으로 유도하는 '평등' 교육은 나라의 생존력을 저하시켜서 다가오는 4차 산업혁명의 파도에 모두가 침몰해 버릴 것 같다. 그것이 이 정부의 의도일까? 2019/2/26

그대가
'하양'으로 불리고 싶다면

『카인의 후예』
황순원

　 　황순원 선생이 자신의 체험을 토대로 쓴 소설 『카인의
　 　후예』는 해방 직후 평안도에 공산당이 들어오자 순박
한 민초들이 폭도로 변하는 과정을 생생히 보여준다. 농민들은
처음엔 공산당의 위세에 겁먹어서, 그러나 차츰 열성이 부족해
보여서 토지 분배에서 불이익을 받을까봐 극렬하게, 그들의 옛
지주들을 규탄하고 축출한다.

　파란만장했던 우리의 근대사에서 '세상이 바뀔' 때마다 우
리 민족은 서로의 명줄을 끊으려 했다. 그 격렬한 증오와 대립
의 근저에 수백 년 쌓인 지배 계층의 억압과 착취, 피지배 계층
의 고통과 설움이 있는 것은 분명하다. 그러나 또한 그것을 과
장되게 인식시키고 분노를 자극한 공산당 세력이 있었음을 부
인할 수 없다.

　문재인 대통령이 이번 3·1절 기념사에서 '빨갱이'라는 말이
일제가 독립운동가들을 사상범으로 탄압하기 위해서 지어낸
어휘라면서 일제의 잔재를 청산하기 위해서 '빨갱이'라는 말

을 없애자고 제안했다. '빨갱이'라는 단어의 역사는 잘 모르겠지만 거부감이 느껴지는 단어라서 사라졌으면 좋겠다. 그러나 그 어휘가 대통령의 권고나 명령으로, 또는 그 어휘 사용에 (5·18 진상 규명 요구에 대해서처럼) 법적인 제재를 가한다 하더라도 '빨갱이'를 연상시키는 언행이 사라지지 않는 한 그 개념이 사라질까?

문 대통령이 세계 만방에 자랑하는 촛불 시위의 장면들을 보면 나라를 온통 붉은 군화로 짓이겨 버릴 것 같은 살기등등한 구호가 너무 많다. 문재인 정부의 버팀목의 하나인 민노총은 '나라 전체를 마비시킬 수 있다는 것을 보여주겠다'고 했고, '사회주의가 답이다', '체제 교체', '민란으로 뚫어야 한다', '보수 세력, 거대한 횃불로 모두 불태워버리자' 등 무시무시한 구호, 그림, 조형물들이 가득하다.

촛불 폭풍이 지나고 들어선 합법적인 정권도 국고를 탕진하고 민심을 분열시키니 국가 수호 의지조차 의심스럽다. 모든 보수를 '적폐'로 몰아 초토화했고, 이미 심하게 좌경화된 교과서를 더욱 좌경화하여 민심을 대한민국에서 이반시키려 한다. '자유민주주의'라는 나라의 정체성에서 '자유'를 지워 사회민주주의의 토대를 마련하려는 듯하다. 흉악한 살인마 김정은 일당에게 국경까지 활짝 열어주려 하니 이런 현상들이 그 흉악한 단어를 연상시키는 것을 어찌겠는가? 2019/3/5

세도정치 시대로 회귀한
인사人事 시계

『유배지에서 보낸 편지』
정약용

공자는 학식과 덕이 깊은 관료가 왕을 보좌해서 백성을 보살피며 염치와 예로 인도하는 이상 사회를 꿈꿨다. 그런데 유교의 덕치 구현을 표방했던 조선의 문신들은 학문을 출세의 도구로 삼아서 백성을 억압하고 착취했고 마침내는 매관매직을 서슴지 않았다.

다산 정약용은 그를 아끼던 정조의 승하 후 억울한 유배를 가게 되자 자기 신세의 비참함보다도 아들들이 실의에 빠질 것을 걱정했다. 그래서 폐족廢族이 되어 과거도 볼 수 없게 된 아들들에게 "폐족에서 걸출한 선비가 많이 나오는 것은… 과거에 급제해서 부귀영화를 얻으려는 마음이 근본정신을 가리지 않아 깨끗한 마음으로 독서하고 궁리하기 때문"이라면서 오로지 학문 자체를 목표로 정진해서 진정한 학자가 되라고 간곡히 타이른다. 자신이 젊었을 때 관직의 유혹에 이끌려 과거를 위한 학문을 했음을 후회한다면서.

우리나라는 근대화와 함께 정승 판서가 되는 것 말고도 자기실현을 할 수 있는 다양하고 흥미진진한 길이 많이 열렸다. 그런데 아직도 고위 공직이 인생 최고의 성공이라는 관념이 막강한 모양이다. 그래서 공직 한 자리 차지하려고 유력 후보를 기를 쓰고 돕고, 후보는 정권을 잡으면 참모들에게 관직을 나눠주어 보은한다.

예전 정권들은 가급적 훌륭한 인재를 발굴해서 등용하려 노력했고 '사은' 인사는 국민의 눈치를 보면서 가끔 끼워 넣었는데 이 정부는 '전문성' '실력' '경륜' 따위는 잠꼬대라는 듯 자기 패거리들만 등용한다. 정권 교체와 함께 으레 교체되는 자리와 임기 만료된 자리만 분배하는 것이 아니다. 임기가 아직 많이 남은 임명직도, 커리어 관료도 마음에 안 들면 약점을 억지로 캐내고 압박해서 밀어내고 자기네 사람을 심는다. 이렇게 해서 무자격자, 부적격자가 대거 요직에 심어졌다. 아마추어가 빚어내는 국정 차질과 국민 생활 피폐는 아랑곳도 하지 않는다. 그 행태가 마치 정복지를 5년간 마음껏 약탈하고 농락할 허가를 받은 칭기즈칸의 군대 같다. 그런데 5년으로는 부족하니 100년을 해야겠다는 말도 나오는가보다.

학교 교사가 꿈이었다는 것이 유일한 '자격'인 유은혜 교육부 장관을 필두로 구청의 말단 직원까지 전부 코드 인사가 심어졌다는 말도 들린다. 대한민국의 시계는 '빨리 되감기'로 세도정치 시대로 회귀했다. 2019/3/10

매일 밤 지폐 찍고 싶다는
서울 시장

『사피엔스』
유발 하라리

A Brief
History of
Humankind
Sapiens
Yuval Noah
Harari

○유 발 하라리는 『사피엔스』에서 인간을 가공할 힘을 가진
우주의 지배자로 만든 것이 법, 돈, 신, 국가 같은 '상상의 질서'를 생성할 수 있는 힘이라고 주장한다. 생각하면 인간이 화폐를 발명하지 못했더라면 인류의 문명은 지금 몇 세기쯤에 멈춰 있을까 하는 의문이 들고 화폐의 발명은 인간이 고안해낸 것 중에서 가장 보편적이고 효율적인 상호 신뢰 시스템이라는 하라리의 생각에 수긍이 간다.

박원순 시장이 지난 15일 시내 복지기관 운영자 대상 강연에서 "밤마다 돈을 찍어내는 서울시립조폐창을 만들고 싶다"고 말했다. 우리의 형법 207조에 종신형 범죄로 규정되어 있는 범행을 구상하고 있다는 선언은 아니고 자기가 그만큼 간절하게 가난한 사람을 돕고 싶다는 감성팔이 발언이겠다. 이런 국기문란범죄를 들먹이며 표심을 자극하다니 정말 소름이 끼친다. 박 시장은 도시 농업, 마을 사업, 협동조합 등 거대 도시에는 전혀 부적합한 사업을 예산을 무진장 들여서 시행하는데, 이 과정에

서 서울시청을 자기 사람으로 채웠다고도 한다. 국민이 피땀 흘려 벌어서 납부한 세금을 흥청망청 쓰는 것은 화폐 위조만큼 부도덕한 행위다.

세계 평화의 기본인 화폐 질서의 교란은 북한 같은 악당 국가엔 전공일 수밖에 없고, 국가 경제가 무너져도 긴축, 건전 재정정책을 쓰기 싫은 남미 제국 등에는 악마의 유혹이다. 조선 말기에 고종은 당오전, 백동화 등 함량 미달 화폐를 남발해서 왕실의 사치와 왕실의 안녕을 비는 굿거리, 제사 비용으로 마구 썼다. 그 결과 물가가 8배로 뛰고 국민 생활은 말할 수 없이 피폐했다. 영국의 헨리 8세도 자신의 사치와 이웃 나라들과의 전쟁 자금을 위해 불량 주화를 발행해서 '악화가 양화를 구축한다'는 그레셤의 법칙을 탄생시켰다.

문재인 정부는 일자리 정책, 복지 정책, 대북협력사업 등등으로 국고를 마치 위조지폐 뿌려대듯 흩뿌렸다. 돈을 마구 풀어도 '소주성' 따위의 잘못된 경제정책으로 경기가 피폐했는데 공시지가를 급격히 인상한 것은 국민에게서 부동산세 짜내서 김정은 정권 떠받쳐주려는 속셈 아닌가? 이건 내 가족 죽이려는 살인강도에게 좋은 총 사주는 행위다.

TV에서 화폐로 종이접기를 해서 핸드백을 만들어 파는 베네수엘라 소년을 보니 몇 년 후의 우리 모습일까 하는 분노, 슬픔, 위기감이 몰려온다. 2019/3/19

정말
'색깔론'을 끝내려면

『죽은 자들을 위한 변호』
복거일

한국 현대사의 '친일'문제에 대해 깊이 천착한 작가 복거일은 일본에 의해 추진된 1894년의 갑오경장甲午更張으로 '해방된 노비들, 사회적 천대와 경제적 차별을 받았던 천민들, 재혼을 할 수 있게 된 여인들, 문반에 비해 차별적 대우를 받았던 무반들, 이전엔 도성에 드나들기도 어려웠던 불교 승려들'은 한·일 합방에 이르는 과정에서 일본에 호의적이었을 것이라 말한다. 또한 청나라의 횡포를 증오하고 허약한 고종과 그의 부패한 조정에 절망한 지식인들도 개화를 위해 일본의 힘을 이용하려 했을 것으로 보았다.

복거일 씨는 이어 세계 어디서든 식민지에서 피정복민들의 식민통치 참여는 피지배자의 삶을 덜 어렵게 만들며 또한 어떤 개인의 '협력자' 여부 판정에는 그가 지배자의 협력 요구를 거절하고도 무사할 수 있었을까를 참작해야 함을 지적한다.

오늘날도 유엔 제재만 아니었으면 이 정부가 우리 기업인들에게 북한에 투자를 요구했을 것이고, 기업인들은 통째로 먹히는 투자인 줄 알아도 거절하기 어려웠을 것 아닌가. 일제 35년 간 민족을 배반한 친일파도 분명 있었지만, 독선적인 친일 사전 편찬자에 의해 부당하게 친일파로 낙인찍힌 인사가 더 많지 않을까? 일제하 35년간 한국인이 모두 일제를 피해 숨어 살아서 이 땅에 한국인이 경영하는 교육기관, 언론기관, 기업이 전무했다면 열강이 우리를 독립시키면 나라를 유지할 수 있을 민족이라고 생각했을까?

문재인 대통령은 3·1절 기념사에서 '빨갱이'라는 말을 국어에서 뿌리 뽑자면서 친일파는 철저히 가려내어 단죄할 것을 촉구했다. 우리는 역사를 알아야 하지만 과거사를 후벼 파서 자학과 상호 파괴의 도구로 사용해서는 안 된다. 이제 친일파는 지나간 역사다. 그런데 공산당에 의한 피해도 6·25에 입은 근 1,000만의 사상자, 실향민으로 끝난 줄 알았는데 크나큰 착각이었다.

북한의 도발로 서해에서 희생된 장병 추모 행사를 회피하는 문재인 정부, 우리 민족을 사경死境에서 구한 인천 상륙작전을 적의 점령 작전인 양 피해 보상을 결정한 인천시의회, 제주·대구·여순 등 좌익 폭동을 민중 봉기로 포장하려는 움직임, 학교 비품에 일본 전범 기업 제품이라는 딱지 붙이고 한 사립대학의 사유재산인 건국 대통령 동상을 철거하라는 시의회, 수십 년 애창되던 교가를 친일파 작곡이라고 폐기 처분하자는 운동, 이 모두가 '인민위원회'의 부활이 아닌가. 2019/3/26

일곱 개 중
제일 아픈 손가락?

『중세 유럽사』
린 손다이크

○리 나라 대통령이 '김정은의 수석대변인'(블룸버그통신)이
고 '남한의 마지막 대통령이 되고 싶어 하는 것 같'고,
'북한의 앞잡이'(고든 챙 아시아문제 분석가)라는 말을 들으니 우리
국민은 피가 거꾸로 치솟는다.

국민은 자기 손으로 뽑은 대통령이 우리나라를 파괴하고
싶어 한다든가 북한을 위해서는 전 세계를 다니며 구걸 행각
도 기꺼이 한다고는 차마 믿지 못하겠지만 이미 세계적으로
그런 의심이 팽배해 있는 듯하다. 그렇다면 외국의 지도자들
과 언론에 비친 문재인 대통령은 정상인이 아니다. 단순 실수
나 무능으로는 세계 10대 경제대국인 탄탄한 민주국가를 단
2년 사이에 이렇게 기울게 할 수 없는 것 아닌가. 국민은 지금
나라가 뒤뚱거리면서도 확실히 멸망을 향해 질주하고 있음을
느낀다.

『중세 유럽사』의 저자 린 손다이크는 '서기 372년에 이르면
로마제국은…더 이상 외부 야만족들의 침략을 막아 낼 힘의 우

위가 없었고 그들을 제국 안에 흡수해서 문명화시킬 역량도 없게 되어' 멸망을 향한 하강을 시작했다고 서술했다. 우리나라는 문재인 정권 2년에 이미 북한을 막아낼 힘도 없고 북한을 흡수해서 번영과 자유민주주의를 나눠 줄 역량도 없게 되었다.

문 대통령은 취임하자 초고속으로 모든 행정부서와 행정부의 입김이 미치는 모든 기관을 속속들이 장악했고 무지막지한 폭압으로 언론과 사법부와 검찰과 군, 국회, 그리고 대부분의 지자체 의회도 장악했다. 나라를 지탱하는 기둥을 하나씩 무너뜨린 것이다. '소득 주도' 따위의 반反성장 정책과 뇌물형 복지로 경제를 부실화하고 이제는 국민연금을 지렛대로 대기업까지 하나씩 거머쥐려 한다. 국민의 번영을 절대 허용할 수 없다는 듯이.

이 정부의 인사에서 적임자의 개념은 애초부터 없었는데 최근에 7명의 장관 지명은 국민을 조롱하기 위한 인사 같다. 검증 과정에서 무수한 하자들을 알았지만 그보다 나은 사람이 없었다는 말은 그들처럼 만만한 하수인이 없었다는 말이 아니겠는가. 애초부터 일곱 난쟁이 중에서 여론 무마용으로 한두 명은 포기할 요량이었던 듯한데 김연철만은 절대 놓칠 수 없다는 게 문 대통령의 복심인 모양이다. 문 대통령과 김정은 사이에서 김연철만이 할 수 있는 역할이 도대체 무엇일까? 2019/4/2

유아인을
무식에 묶어 둔 사람들

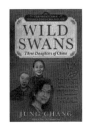

『대륙의 딸들』
장융

지난 3일 제주도에서 열린 4·3사건 71주년 기념식에서 배우 유아인이 자신이 4·3사건을 몰랐던 것이 부끄럽다면서 '왜 (자신이) 몰라야 했는지도 몰랐다'고 비장한 어조로 술회했다. 그는 4·3사건을 조직적으로 은폐한 세력이 있다고 의심하는 듯한데, 민주국가에서 자유민으로 30여 년 살아온 청년으로서는 '쪽팔리는' 말이 아닐까? 그러나 그가 배운 교과서, 받은 교육이 무식자를 양산하는 것은 사실이다.

교육부 선발 필진이 집필한, 사실상 국정교과서인 초등학교 6학년 1학기 사회 교과서의 '대한민국 정부수립' 장章은 해방 후 남한은 '대한민국 정부 수립,' 북한은 '조선민주주의인민공화국 수립'으로 기술해서 대한민국은 불완전 국가, 북한은 완전 국가라고 시사한다. '우리나라의 정치 발전'은 4·19~5·18~6·10 항쟁~촛불혁명 서술이 거의 전부다. 이 필진이 유아인의 추모사를 들으면 4·3 항쟁을 민주화투쟁으로 윤색해서 포함시킬걸, 하고 가슴을 칠지 모르겠다.

‘우리나라의 경제발전’ 장은 ‘1950~2000년대 경제성장 모습’이 8쪽 분량인데 ‘경제성장에서 나타난 문제점’이 4쪽에 이른다. 우리의 차세대에게 무에서 유를 창조한 ‘한강의 기적’의 가슴 벅찬 드라마는 감추고 경제발전의 부작용만을 인식시키려는 것일까? 이 교과서의 경제지수 그래프를 보면 마치 우리 경제가 1985년까지는 거의 수평으로 이동하다가 1985년 이후에 급상승한 것처럼 보인다. 우리 경제는 1960~70년대가 처절하고 비장한 드라마였는데. 1960~70년대 세대의 피와 땀과 기도를 안다면 젊은 세대가 우리나라를 ‘헬조선’으로 생각지 못할 텐데.

이 교과서는 학생들에게 동학농민운동 때 전봉준이 작성한 사발통문을 모델로 ‘사발통문’을 만들라는 과제를 준다.

“우리는 _____ 때문에 더 이상 참을 수가 없다! 그래서 우리는 다음과 같이 행동하려 한다! _____”

초등학생들에게 이 빈칸을 채워 넣으란다. 장융의 『대륙의 딸들』에서 문화혁명 혁명위원회가 어린 학생들을 부추겨 선생들을 가두고 폭행하게 만든 수법과 유사하지 않은가? 그나저나 현 정권이 이렇게 만신창이로 만들어 놓은 나라 꼴을 보면 초등학생들이라도 참지 못하고 행동하려 할 것도 같다. 이제 곧 또 하나의, ‘최연소’ 시민혁명이 추가되려나? 2019/4/9

통치권자의
반칙

『위대한 유산』
찰스 디킨스

그토록 결격 사유가 많은, 그리고 국민의 반감이 강한, 박영선, 김연철 등의 장관 임명을 강행한 다음 날 국무회의에서 했다는 문재인 대통령의 말은 국민의 숨을 막히게 했다. 문 대통령은 "특권층끼리 결탁하고 담합하고 공생하여 국민의 평범한 삶에 좌절과 상처를 주는 특권과 반칙의 시대를 반드시 끝내야 한다"고 말했다. 그가 이제껏 임명한 고위 공직자 중 다수가 특권을 과도하게 누렸던 반칙왕들로서 그들의 임명은 평범한 국민에게 좌절과 상처를 주었다. 이런 인물들의 임명을 강행하는 것은 통치권자의 반칙이다.

문 대통령은 또 그 며칠 전의 신문의 날에는 '이제 언론자유를 억압하는 정치권력은 없고 정권을 두려워하는 언론은 없다'고 단언했고, 작년에는 정부 권력을 비판, 감시하는 언론인들의 사명 완수를 최선을 다해 돕겠다고 약속했다. 그런데 바로 신문의 날 저녁에 발화한 강원도 산불이 엄청난 기세로 확산되는 동안 대통령이 전혀 나타나지 않았고 수습을 위한 지시도 없어서 그가 그 5시간 동안 어디서 무엇을 했느냐고 의문을 제기한 유튜버들에 대해서 청와대에서 '대응팀'을 구성한다고 한다.

보통 사람이라면 너무나 현실과 상반되는 말이어서 더듬거리며 할 말을 대통령이 너무나 태연히, 분연한 어조로 하는 것을 보니 국민은 소름이 돋는다. 대통령이 자기 확신이 가득하니 궤도 수정의 가능성이 없다는 말이 아닌가? 이번의 한·미 정상회담도 국민의 의사는 아랑곳없이 먼 길 달려가 트럼프에게 김정은 살려주라고 호소한 것 아닌가? 문 대통령은 자신이 국민의 대리자로서 전체 국민에게 책임진다는 의식이 없는 듯한데, 혹시 자신이 신의 대리자라고 믿는 것일까?

문 대통령이 자신이 신의 뜻을 실현한 것이 아니고 신의 뜻을 좌절시켜왔음을 깨닫기까지 얼마나 기다려야 하는가? 하루하루 나라가 기우니 국민은 시시각각 속이 타는데.

19세기 영국의 문호 찰스 디킨스의 명작 『위대한 유산』에 나오는 미스 해비셤은 결혼식 날 약혼자에게 버림받고서 세상의 모든 남성에게 복수를 결심한다. 그러나 일생 공들여서 주인공 핍과 그가 연모하는 에스텔라를 영원히 불행하게 만든 자기의 '죄'를 깨닫고는 '내가 무슨 짓을 한 거야? 내가 무슨 짓을 한 거야?' 하고 절규한다. 문 대통령이 '내가 무슨 짓을 한 거야?'라고 울부짖을 때 그가 한 일을 되돌릴 길은 전무할 것이다. 2019/4/16

김정은이
살아남을 수 있는 길?

『제3공화국의 융기와 쇠망』
윌리엄 샤이러

지난 14일 골프 마스터스 토너먼트에서 타이거 우즈의 우승은 감동적이었다. 10년 전 골프 황제 우즈가 도덕적 해이로 몰락했을 때 많은 팬이 실망하고 분노했다. 그 후 우즈는 부상과 불명예, 실의의 진창에서 허우적거렸으나 분골쇄신의 노력으로 옛 기량을 회복했다. 그의 재기는, 인간은 각오가 철저하면 스스로를 구원할 수 있음을 입증하는 듯해서 참으로 기뻤다.

하노이에서 비 맞은 개가 되어 평양으로 돌아간 김정은이 '재기'할 길이 있을까? 김정은이 자기 국민 1,000만을 굶겨 죽이더라도 정권 수호용 핵은 절대 놓지 못하겠다는 한, 탐식과 방탕으로 자기 명을 단축할지언정 국민과 함께 굶을 생각은 하지 않는 한 그가 죽음의 수렁에서 자신을 건져 올릴 길은 전혀 없다.

김정은은 지난 12일 '시정연설'에서 문 대통령에게 "오지랖 넓은 촉진자, 중재자 행세를 그만하라"고 나무라면서 "민족의 이익을 위한 당사자가 돼라"고 주문했다. 나무라기엔 만만치 않은 트럼프 대통령에게는 반성하고 계약서 고쳐 써 오면 한 번 더 만나 주겠다고 너그러운 미끼를 던졌다. 김정은이 문 대통령에게 주문한 '중재자 행세를 그만하고 민족의 이익을 위한 당사자가 돼라'는 아마도 북한을 원조하게 허락해 달라고 세계만방 싸다니지 말고 세컨더리 보이콧을 감수하고 당장 북한에 돈과 쌀 갖다 바치라는 주문이 아닐까? 불행하게도 문 대통령은 그의 요구라면 무엇이나 따를 가능성이 높지만 그것은 한국과 북한이 같이 목 졸려 사망하는 길이다.

김정은이 트럼프 대통령에게 '올해 안으로…'라고 말미를 준 것은 유화의 제스처로 트럼프의 경계를 늦추고 그동안 핵잠수함 건조와 핵탄두 소형화 작업을 끝낼 수 있는 시간을 벌려고 던진 수일 것이다. 그에 대해 트럼프는 "우리 서로 속내를 환히 아니까 3차 회담도 재미있을 거야"하는 식의 응대를 했다. 약이 오른 김정은은 폼페이오와 볼턴을 교체하라고 요구했다. 이 어이없는 요구에 미국 정계는 분노하기보다 크게 웃은 것 같다.

독일의 제3공화국 역사에 반드시 상세히 기록되는 1944년 7월 20일의 히틀러 암살 시도는 성공했더라면 2차 대전의 사상자를 최소 1,000만 명은 줄일 수 있었겠기에 그 실패가 너무나 안타깝다. 김정은 역시 1년 일찍 죽으면 수백만의 생명이 살아남을 수 있을 것이다. 그의 처자식을 포함해서. 2019/4/23

3급 법률 공장 된
대한민국

『법치』
톰 빙엄

처으로 오랫동안 '법치국가'에서 사는 것이 많은 국민의 염원이었다. 사법부가 정부의 시녀였고 '유전무죄 무전유죄' '유권무죄 무권유죄'가 삶의 조건이었을 때 법치국가는 국민이 열망한 이상향이었다.

그런데 이 정부가 그들의 '통치행위'를 완벽히 뒷받침할 법률을 제조해서 환상적인 '법치국가'를 실현할 모양이다. 이 정부는 이제껏 현존 법을 편의대로 잡아 늘이고 구부려 전직 대통령 구속, 사실상 종신형 선고 등 무수한 관제 테러를 자행했다. 잘나가던 나라 경제를 마구 찢고 까불어서 일자리가 소멸되고 가계가 무너지고 전국에 눈물과 비명이 낭자하더니 급기야 경제가 마이너스 성장을 했다. 묻지마 복지, 선심용 대형 토목사업 등으로 국고를 마구 탕진하면서 한편으로 국민의 주머니에서 세금을 압착기로 짜내며 모든 계층, 연령대가 두루 고통받는 평등한 불공정, 불의를 실현하고 있다.

이제 정부는 4개 정당을 발아래 두고 국회를 부리며 마음대로 법을 제조해서 자유자재로 '통치'할 작정이다. 그렇게 제조되는 법은 이성과 양식과 도덕의 결정체로서 국가의 질서와 국민의 안녕을 보장하는 법이 아닌 정부와 입법부가 짬짜미해서 찍어내는 위조지폐 같은 법이다.

국격을 처절하게 짓밟으면서 이미선이라는 '보물'을 헌법재판소에 비치해서 합헌선을 확보해 놓고 본격적 개헌 작업에 착수하려는 것 같다. 연동형 비례대표제라는, 일반 국민은 계산법도 이해 못할 수상한 방식으로 선거구와 의원을 배분해서 개헌 의석을 확보할 심산인데, 그보다 먼저 '공수처'를 신설할 필요가 있는 모양이다. 현 청와대에 수사를 받아야 할 직원이 많지만 공수처 설치 법안을 통과시키기 위해 '사·보임'이라는 치사한 편법을 쓰는 것을 보니 의도가 그 위 공직자 비행을 단죄하기 위해서가 아니고 비호하기 위해서라는 확신이 든다. 어쨌든 우리나라는 이제 곧 3권이 통합되어서 세계 최고의 능률 국가가 될 것이다.

영국의 대법원장을 역임한 톰 빙엄 판사의 저서 『법치』를 보면 영국의 법관은 법 집행을 통해 사회질서를 수호하면서 동시에 피의자를 상처받고 억울하지 않게 하기 위해 끊임없이 고심한다. 무절제한 겁주기용 압수 수색과 겁박용 소환 조사가 횡행하는 우리 법 집행과는 너무나 다르다. 빙엄 판사는 말한다. 스탈린이나 나치의 법이 잘 보여주듯이 법령에 따라 집행하는 행위라 해서 모두 '법치'가 아니라고. '법의 정신'이 말살된 '법치' 국가의 국민은 슬프고 불안하다. 2019/4/30

잠기지 않는
정부의 수도꼭지

『영국사』
G. M. 트리벨리언

며칠 전 누군가 단톡방에 자유한국당을 해산해 달라는 청와대 국민 청원이 6,000만에 육박한다는 우스개를 올린 것을 보고, 드루킹의 매크로 프로그램이 멈춰야 할 적정선을 지시받지 못하면 그렇게도 되겠구나 싶어 헛웃음이 났다.

문재인 정부는 마음이 어느 콩밭에 가 있는지, 자기들이 시행한 정책의 효과가 어떠한지에는 관심이 전혀 없는 듯하다. 이 정부의 모든 관심은 표제와 포장이 그럴듯한 정책을 '출시'하는 것이고, 그 정책이 국민에게 축복인지 재앙인지는 알아볼 필요도 못 느끼는 것 같다. 수도꼭지를 틀었으면 그만이지 귀찮게 또 잠그냐는 듯이. 넘친 물에 국민의 발이 잠기고 발목, 허리, 가슴으로 물이 차오르는데 먹을 물은 없어도 구정물 먹으면 된다는 식이다.

그들의 잘못된 경제정책 때문에 피폐해진 국민의 삶은 아랑곳없이 정부가 비례대표연동제와 고위공직자수사처(공수처) 신설이라는 악법 제정을 신속히 강행하려니까 국민적 비판과 저항이 유례없이 강렬하다. 그래서 방패로 써먹기 위해선지 대통령이 '원로'들을 청와대로 초빙했다. 얼핏 보기에도 그 편 사람들 같은데 도저히 '문비어천가'를 바칠 상황이 못 되는지 이런저런 정책을 수정해야 한다는 지적이 수월찮게 나온 모양이다.

그런데 문 대통령의 반응은 화해와 통합을 위해서 적폐 수사를 중단할 수 없다는 동문서답이었다고 한다. 참으로 기발한 모순어법인데, 한국 사회의 화해와 통합이 어떤 상태이길래 두 전직 대통령과 원로급 공직자들, 변창훈, 이영렬, 이재수 등 나라의 동량棟梁들을 그 불쏘시개로 소모하고도 모자라서 이제는 묵은 섹스 스캔들과 마약 소굴까지 뒤져야 하는 걸까? 국민의 반이 '적폐'로 소진되면 절반의 화해·통합은 이룩되는 것일까?

17세기 영국에서는 청교도 주도의 시민혁명이 일어나서 국왕 찰스 1세를 처형했다. 10여 년 후에 국민이 청교도 치세의 독선과 속박에 질려서 다시 왕정을 택했을 때, 왕위에 오른 찰스 2세는 아버지 죽음에 대한 보복을 최소화했다. 공화정의 공보 장관으로 청교도 혁명을 열렬히 변호했던 대시인 밀턴도 나이 들고 실명했기 때문에 사면 받아서 실낙원, 복낙원 등 위대한 서사시들을 탄생시킬 수 있었다. 이렇게 이루어진 국민 화합은 영국의 무한 발전의 초석이 되었다. 우리나라는 문재인 집권 5년 후에는 폐허만 남을 듯하다. 2019/5/7

김영철의
석고대죄

『중세유럽사』
린 손다이크

하노이에서 평양으로 돌아가는 60시간 기차 여행 내내 김영철은 굶으면서 김정은의 객실 앞 통로에서 석고대죄를 했다고 한다. 우리에게는 흉악한 원수지만 김영철에게 미·북 회담 결렬의 책임이 있지는 않았을 것이다. 외교술이야 변변치 못했을 수 있지만 자신을 위해서라도 얼마나 필사적으로 회담을 성공시키려고 노력했겠는가. 그러나 트럼프의 짝사랑을 믿었다가 보기 좋게 차인 김정은의 분을 누그러뜨릴 방법이 그것 말고 있었겠는가? 회담장을 떠나는 김정은의 보라색 얼굴을 보면 귀국 길에 눈에 보이는 모든 사람을 도륙할 것같이 보였다. 복도에 꿇어앉은 김영철은 객실 안에서 김정은의 움직임이 감지될 때마다 그가 문을 열고 자기를 단칼에 벨 것 같은 공포에 소스라치지 않았을까? 그러나 김영철로서는 자기 목숨을 던져서라도 가족들이 처형되거나 수용소에 보내지는 것을 막으려면 그 길밖에는 없다고 판단했을 것이다.

'석고대죄'라는 한국적 참회의 형태가 몹시 싫다. 인권의 자발적 포기가 아닌가. 아랫사람의 취약한 입지를 이용해서 석고 대죄를 하게 만드는 행위는 범죄다. 선조는 임진왜란의 발발 때문에 광해군을 세자로 책봉해 놓고 그를 너무 미워해서 자주 양위를 하겠다고 '몽니'를 부렸다. 그때마다 광해군은 여러 날 산발散髮하고 베옷 입고 '부당한 말씀을 거둬주시라'고 애원하는 석고대죄를 하지 않을 수 없었다. 사가에서도 석고대죄는 드물지 않았다. 산발하고 베옷 입고 눈비와 밤이슬을 무방비로 맞으면서 하는 석고대죄로 몸이 망가진 사람도 많았을 것이다.

세계사에서 유명한 '석고대죄'는 단연 11세기에 신성로마제국 황제 하인리히 4세가 성직자 임명권을 놓고 그와 대립한 교황 그레고리우스 7세에게 파문을 철회해 달라면서 한 것이다. 하인리히는 엄동설한에 알프스를 넘어가서 교황이 머물던 카노사의 성문을 두드렸으나 거절당한다. 그래서 꼬박 사흘을 수도자가 입는 말총 옷을 입고 눈보라 폭풍 속에서 석고대죄를 했다. 사흘 만에 성문이 열리고 그레고리우스는 파문을 철회했다. 고국으로 돌아가 실력을 기른 하인리히는 교황과의 2차 대결에서 교황을 축출하고 새로운 교황을 세운다.

북한의 막강한 실력자도 '백두 혈통'의 절대권력 앞에서 얼마나 하찮은 존재이며 그들의 영화가 얼마나 불안정한가를 너무나 잘 보여주는 이 석고대죄가 하인리히의 성공적 반격으로 끝나기를 기원한다. 2019/5/14

허수아비인가,
문맹인가

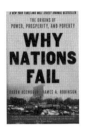

『국가는 왜 실패하는가』
대런 애스모글루

　　민의 경악과 분노를 유발한 '우리 경제는 성공으로 나아
가고 있다'는 문재인 대통령의 지난 14일 발언에 대해서
민주평화당 박지원 의원이 한마디 했다. 청와대 참모들이 엉터
리 같은 자료를 문 대통령에게 보고하는 '원수 짓'을 하기 때문
에 대통령이 이 정부 경제정책의 실패상을 모르는 것이라고. 대
통령을 변명해주는 취지의 발언 같기는 한데 문 대통령을 문맹
또는 자폐증 환자로 규정하는 것 아닌가?

　　아닌 게 아니라 가끔씩 문 대통령은 신문의 헤드라인도 훑어
보지 못할 정도로 항상 피곤하거나 나라 상황에 관심이 없는 것
인가 하는 의심이 자주 든다. '성공' 발언 바로 전 한두 신문의 헤
드라인 몇 개만 훑어보았어도 우리 경제가 중병을 앓고 있는 것
을 절감했을 것이다. '성장·고용 쇼크, 최악 빈부격차…' '구멍 난
복지, 적발된 부정 수급만 2년동안 5만 건… 건강보험은 16만 건'
'폐업, 폐업… 쏟아지는 중고 기계 매물' '1분기 경상수지 흑자,
6년 9개월 만에 최저…' '서울 소고기값, 뉴욕의 5배…' '적자 청

춘' '버스대란 초읽기' 등.

대통령이 자신의 정책 때문에 나라 경제가 고사지경이고 온 국민이 고통당하는 현실을 인식조차 못할(인정하기를 거부할) 뿐 아니라 더욱 힘차게 추진할 것을 선심 쓰듯 약속하니 국민은 절망하지 않을 수 없다. 그래서 대통령은 (종북 성향 참모들의) 허수아비라는 추측도 나오고 '치매'를 의심받기도 한다. 이것은 그래도 대통령이 나라 경제와 안보의 조직적이고 완전한 파괴를 목표로 분투하고 있다고 의심하지 않으려는 국민의 안간힘이다. 그 의심이 확고해지면 나라가 또 뒤집어져야 하니.

대런 애스모글루는 『국가는 왜 실패하는가』에서 국가가 가난해지는 것이 기후나 자원, 또는 종교나 국민의 기질 등 요인 때문이 아니고 억압적, 착취적 제도가 국민의 경제활동 의욕과 활력을 박탈하기 때문이라고 주장했다. 그 증거로 예전에는 한 마을이었는데 미국·멕시코 국경선으로 잘린 후 풍요롭고 활력 넘치는 미국 애리조나주州 노갈레스시와 피폐하고 무기력한 멕시코 소노라주州 노갈레스시의 예를 들었다. 1인당 GDP가 30배 차이 나는 오늘의 남북한의 대조 또한 너무 명백한 예이다. 우리 경제는 그동안 국민적 활력과 의욕으로 기적적인 성장을 이뤘는데 2년 전에 강력한 통제경제로 전환되면서 방방곡곡에서 붕괴음이 어지럽다. 우리 경제의 북한 수준으로의 추락을 원하는 자에게는 환희의 음악일 것이다. 2019/5/21

포토라인을
생명선으로!

『수선공』
버나드 맬러머드

찰청 앞에 '포토라인'이라는 것이 언제 생겼는지 정확히 기억나지 않는데, 피의자가 그곳을 통과할 때마다 역겹거나 민망스러워서 저런 포토라인은 없애는 것이 낫지 않은가 생각했다. 국민의 호기심을 어느 정도 충족해 주는 측면은 있는지 몰라도 죄 없는 피의자가 굴욕을 당하기 쉽고 피의자에게 소명하는 기회는 전혀 되지 못하니 순기능은 거의 없지 않은가? 그런데 유튜버 B씨가 보석으로 출소해서 제일 먼저 주장한 것이, 포토라인을 피의자가 언론과 국민을 향해서 자기 입장을 소명할 기회로 만들라는 것이었다. 생각해 보니 정말 그렇게 운용될 수 있다면 국가 정의를 진작하는 데 획기적으로 기여할 것 같다.

사실 국민이 (편파적 또는 불충분한) 언론 보도나 유언비어로 부정확하게, 또는 왜곡되게 알고 있는 사건이 얼마나 많은가? 그러니까 피의자들에게 원한다면 자신들에 대해 잘못 알려진 사실들을 바로잡고 그들의 입장을 천명할 기회를 주는 것이 국가의 도리이자 국가적 이익이 아닌가? 만약 최순실이 20분간 온 국민을 향해서 자기 이야기를 할 수 있었다면 그녀에 대한 억측이 반감될 수 있지 않았을까? 이재수 장군이나 박찬주 장군도 포토라인에서 20분간 국민에게 소명할 기회를 얻었더라면 본인들의 신상과 군의 위상에 가해진 손상을 크게 막을 수 있었을 텐데, 새삼 안타깝다.

20세기 후반 미국의 뛰어난 유태계 작가 버나드 맬러머드의 『수선공』은 20세기 초에 러시아에서 일어난 '베일리스 사건'을 토대로 쓰였다. 제정 말기 러시아의 한 유태인 수선공이 청천벽력같이, 종교적 동기에서 러시아 소년을 살해하고 피를 모조리 뽑았다는 혐의로 검거된다. 유태인에 대한 증오를 러시아의 온갖 병폐와 모순에 대한 국민 불만의 분출구로 삼기 위해서였다. 소박한 수선공은 2년여를 암흑 독방에 갇혀 형언할 수 없는 굴욕과 고초를 겪으며 오로지 기소되어 재판을 받겠다는 염원으로 버틴다. 살인을 인정하기만 하면 살인범으로 국가 대사면에 포함해 주겠다는 제안도, 재판 후에 몰래 국외로 보내주겠다는 회유도 거절하고… 결국 정식 재판을 받으러 재판정에 출두하는 날, 그는 마차 속에서 차르에게 국민의 도탄에 대한 책임을 묻고 그를 살해하는 환상을 경험한다. 길가에는 그를 보려는 시민의 대오가 겹겹이 늘어섰고 몇 명은 그에게 손을 흔들고 그의 이름을 외친다. 그가 얼마나 군중에게 자신의 사연을 호소하고 싶었을까. 2019/5/28

태산이 떠나갈 듯이 요동쳤는데 쥐 한 마리가?

『오셀로』
셰익스피어

人 법행정권 남용 혐의로 기소된 양승태 전 대법원장이 지난달 29일 첫 재판에서 공소장에 대한 통탄을 토해 냈다. 법관 생활 42년간 무수한 공소장과 씨름했을 그는 자신을 기소하는 공소장의 부실함과 졸렬함에 우선 질린 듯하다. 80명 넘는 검사가 8개월 넘는 수사 끝에 작성한 300쪽이 넘는, 일국의 전 사법부 수장을 기소하는 공소장이 '법률가가 쓴 문서라기보다는 소설가가 미숙한 법률 조언을 받아 쓴 한 편의 소설' 같을진대 제대로 된 심리와 재판이 어떻게 이루어지겠는가. 공소장은 '(피고인이) 재판으로 온갖 거래 행위를 한 것처럼 줄거리를 전개하다가 결론 부분에서는 휘하 심의관들한테 몇 가지 문건과 보고서를 작성하게 했으니 직권남용이라는 것으로 끝을 냈다'고 한다. 공소장을 구할 수 없어서 읽어보지 못했으나, 요즘 한국에서 '진실'이 얼마나 천대받는지를 알고, 대부분 한국인의 논리 감각이나 언어 구사의 부실함도 대충 알기 때문에 웬만큼 짐작은 간다.

셰익스피어의 비극 「오셀로」에서 오셀로는 자기가 아내 데스데모나에게 주었던 손수건을 자기의 부관 캐시오가 가지고 있는 것을 보고 두 사람이 간통했다고 단정하고 데스데모나를 목졸라 죽인다. 그 손수건은 악당 이아고가 데스데모나의 하녀인 자기 아내를 시켜 훔쳐내서 캐시오에게 주었던 것인데. 위의 공소장 작성자들이 문서 작성 지시를 직권남용으로 비약시킨 것이 이 정도의 분별력 아닐까?

그런데 이제 대한민국 검사들은 3년 내에 진짜 직권남용 사실을 기소하는 공소장을 수도 없이 작성해야 할 것이다. 이 정부의 대통령 이하 삼부 고위 관리는 모조리 직권남용을 업으로 삼고 있다. 문재인 대통령이 취임 즉시 발표한, 나라의 산업 생산과 국민 생활의 안정을 위협하는 탈원전 정책을 필두로 실업자를 양산하고 자영업자를 질식시키는 최저임금 인상과 주 52시간 근무제, 북핵 제거가 아니라 북핵 유지를 돕는 대북 정책, 국비로 해외 순방하며 북한을 위한 구걸 외교로 국격 추락시키기, 터무니없는 자격 미달자의 요직 임명으로 인한 국정 부실화, 국고를 탕진하는 선심성 토목 사업과 퍼주기 복지, 노조의 횡포를 조장하는 노동정책, 온갖 기업 고사 작전, 기타 무수한 기시행 조처들과 추진 중인 조처들이 모두 직권남용에 해당하는 것 아닌가? 머지않아 검사들의 공소장 작성 실력 경연이 펼쳐 지겠다. 2019/6/4

우리 민족을 저주하는 주술 행위일까?

『테스』
토머스 하디

19세기 영국 작가 토머스 하디의 소설에서, 그가 성장했던 척박한 황무지 주민들의 토속신앙은 때로 주술적인 힘을 가진다. 그의 대표작 『테스』에서 테스와 에인젤이 결혼식 후 신혼여행을 떠날 때 갑자기 낮닭이 크게 울고, 배웅하던 모든 사람은 불길한 생각에 사로잡힌다. 그리고 테스는 자기 가문에 (한 선조의 죄 때문에) 내려진 저주의 이야기를 듣고 공포에 휩싸인다. 과연 두 사람의 결혼은 첫날밤에 파탄이 나고 테스의 불운은 그녀가 살인범이 되어 형장의 이슬로 사라질 때까지 그녀를 놓아주지 않는다. 물론 작가가 '저주'와 테스의 운명 사이의 인과관계를 주장하지는 않지만 은연중에 시사하는 것 같기는 하다.

박정희 전 대통령 묘소에 수백 개(어쩌면 수천 개)의 쇠꼬챙이 (지름 약 2㎝ 길이 25㎝ 정도로 보이는 철물)가 박혀 있는 것을 약 4개월 전 한 여성 봉사자가 묘소의 잡초를 매다가 발견했다 한다. 그간 언론 보도는 없었는데 최근 몇 유튜브를 통해 알려졌다.

현충원 관리팀장은 쇠막대는 2010년에 설치한, 경사면에서 잔디가 흘러내리지 않게 고정하는 장치라고 설명했는데, 평지에도 부지기수로 박혀 있는 것이 카메라를 통해 보였다. 묘지에 잔디묘판을 나무젓가락으로 고정하는 일은 있다지만 음택陰宅의 지기地氣를 신성시하는 우리나라에서는 관棺에도 쇠못을 쓰지 않는데 묘소에 무수한 쇠꼬챙이가 박혀 있다는 것은 상상도 못 할 변괴가 아닌가? 그리고 같은 구조의 김대중, 김영삼 전 대통령의 묘에는 그런 쇠꼬챙이가 전혀 박혀 있지 않다고 한다.

5월 31일에 현장에서 촬영된 유튜브에서 박 전 대통령의 사위는 현충원 측에 그 쇠꼬챙이들의 제거를 요구했고, 현충원 측은 그날 밤부터 야간작업으로 제거하겠다고 약속했다. 그 작업을 유족이 볼 수 있게 해달라는 요청은 머뭇거리다가 승낙했지만 제거 작업의 방송 촬영은 거절했다. 며칠 후의 유튜브를 보니 제거 작업을 현충일 후로 연기했다 한다. (그사이에 은밀한 제거 작업으로 숫자를 줄이지 않았을지?) 시민감시단이 구성되어서 단 한 개도 남김없이 제거하는 것을 확인해야 한다. 또한 애초에 누구의 발의로, 어떤 논의 끝에, 쇠꼬챙이의 잔디 생육 효과를 어떻게 확인하고 그것들을 설치했는지도 철저히 규명해야한다. 우리 민족을 3천년의 가난에서 구출해 준 은인을 6·25의 원흉 김원봉보다도 홀대해서야 국민의 도리가 아니지 않은가? 2019/6/11

우산과
촛불

『상하이에서의 삶과 죽음』
녠 정

촛불이 탄생시킨 정부라는 것을 그리도 자랑스러워하는 문재인 정부는 이상하게도 다른 나라에서 일어나는 민중 시위에 대해서는 부정적이고 적대적인 것 같다. 한 친정부 언론이 요즘 홍콩에서 일어나고 있는 평화적 '범죄인 송환법' 반대 시위를 폭동이라 불렀다고 하고, 세계 여러 도시에서 동조 시위가 일어났고 국가들도 지지 성명을 발표했지만 우리 정부는 냉담하기만 한데, 촛불이 우산에 밀릴까 봐 그럴까?

19세기 중엽에 중국이 홍콩을 영국에 할양했을 때 홍콩은 초라한 어촌이었다고 한다. 힘 없는 (몰락해서 무기력한) 나라의 영토 일부를 강대국이 강제 조차租借하는 것은 옳지 못하나 오늘의 홍콩이 비할 바 없이 풍요롭고 화려하고 활력이 흘러넘치는 도시가 된 것은 그동안 홍콩이 누렸던 '자유'의 산물임을 누가 부인하겠는가. 그런데 '1국 2체제'를 보장하겠다던 중국이 홍콩을 공산화하려는 확고한 의지를 드러내고 있고 홍콩 시민들은 필사적으로 저항한다. 송환법 없이도 지난 수년간 홍콩에서 흔

적도 없이 사라진 중국 반체제 인사가 수십 명이고 송환법은 서곡일 뿐이니 넋 놓고 있다가는 티베트나 신장·위구르 같은 신세가 될 수도 있는 것 아닌가. 그래서 홍콩 시민들은 '여기서 패하면 우리가 물러날 곳은 바다밖에 없다'고 외친다고 한다.

지난 16일에는 전날 시위하다가 추락사한 시민을 애도하는, 검은 옷을 입고 조화를 든 200만 인파가 홍콩 도로를 빽빽이 메웠다. 그런데 진압 경찰이 광둥어가 아닌 북경어를 쓰고 태도나 진압 방식은 신사적인 홍콩 경찰식이 아닌 중국 공안의 방식이라고 한다.

1966년 서방의 대기업(셸 석유) 지사의 경영 고문으로서 홍위병의 표적이 되어 6년 반 동안 삶과 죽음을 넘나들며 겁박과 고문·감금을 견뎌야 했던 녠 정은 회고록에서, 10대 홍위병들이 자기 집에 밀고 들어오려 해서 수색 영장 제시를 요구하니까 "헌법은 폐기되었다"면서 "우리는 위대한 모택동 주석의 가르침만을 인정한다"고 선언했다고 한다.

우리는 주변의 화려한 고층 빌딩과 세련된 문명 설비를 보면서 야만과 무법천지와는 영원히 결별한 줄 알지만, 한 발 헛디뎌서 야만의 늪으로 추락한 나라가 한둘인가? 세월이 수상하니 홍콩 사태가 강 건너 불 같지 않다. 어느 날 대한민국에 고려연방제가 선포되어 북한 비판 인사가 북쪽에 인도되는 일은 없을까? 우리도 홍콩 시민을 격려하는 국민적 성명이라도 발표했으면 좋겠다. 2019/6/18

어느 목선의
신통력神通力

『변신』
오비디우스

표류인지 귀순인지 모를 북에서 내려온 한 목선의 높이가 1.3m인데 그날 파고가 2m여서 레이더가 탐지를 못 했다는 국방부 발표를 들으면서, 파도가 2m 높이의 빳빳한 두둑을 이루고 곧게 행진하고 문제의 보트가 두 두둑 사이의 고랑에 꼭 맞게 끼어 직진하는 재미있는 그림이 머리에 그려졌다. 국방부도 그런 상상을 유도할 심산이었을까? 파도는 마치 고체의 조형물처럼 보트를 흔들지도 않고 물 한 방울도 선체와 4명의 탑승 인원에게 튀기지 않았나 보다. 배는 전혀 파도에 시달린 모습이 아니었고 탑승자들도 파도에 부대끼고 물벼락에 넋 나간 모습이 아니었다.

희랍신화에는 '변신'이 자주 등장한다. 신들이 변신하기도 하고 신들이 인간의 모습을 바꾸기도 하는데, 대부분 어떤 목표 달성을 위한 수단이거나 어떤 비행을 숨기기 위한 방편이다. 정력절륜의 제우스신은 소나기나 백조, 또는 아름다운 하얀 황소로 변신해서 아름다운 여자를 기만하거나 제압하기도 하고, 사랑을 나눈 여자를 질투의 화신인 자기 아내 헤라에게서 감추기 위해서 암소 등으로 모습을 바꾼다. 헤라의 분노는 제우스가 감당해야 마땅한데 죄 없는 여자들이 피해를 본다.

배 바닥에 어로 장비도 별로 보이지 않고 잡은 물고기 한 마리도 안 보이는 목선을 어선으로, 복장이나 자세가 전혀 어부 같지 않은 탑승원들을 어부로 둔갑시킨 힘은 백두신앙 교주의 신통력이었을까, 대한민국 국군의 군사력이었을까? 한 가지 확실한 것은 그런 식의 침투 인력에 의해 생명과 재산을 잃을 수 있는 우리 국민은 그런 묘기를 구경이나 할 수밖에 없다는 것이다.

'전투에 실패한 지휘관은 용서할 수 있어도 경계에 실패한 지휘관은 용서할 수 없다'는 백번 지당한 진리다. 이번 사태로 경계 태세 불량, 경계 능력 제로임을 드러낸 국방부는 나아가 그날 파도의 높이, 해류의 방향, 선박의 동력장치 유무, 선박을 예인한 지점 등 거의 모든 사실을 허위로 발표했다. 그리고 목격한 시민에 의하면 '85분간 자연스럽고 능수능란하게 항구를 돌아다녔다'는 4명의 탑승 인원 중 2명을 황급히 송환했다. 그리고 문제의 목선은 폐기 처분한다고 한다. 국민에게는 우리 해안선에, 자기 마을 뭍에 올라오듯 상륙한 괴선 탑승자들의 얼굴과 침입 경로, 그리고 보트의 구조를 엄밀히 살펴볼 권리가 있는 것 아닌가? 나아가 국민의 안전보다 김정은의 심기가 더 소중한 당국자들의 북송을 요구할 권리도. 2019/6/25

이런 영부인,
저런 영부인

『프란체스카의 난중일기』
프란체스카 도너 리

1934년, 유복한 유럽 중산층 집안의 딸 프란체스카 도너 여사가 25세 연상의 동양 신사, 빈한한 무국적의 독립운동가와 결혼하기로 한 것은 엄청난 모험이었다. 프란체스카 여사는 따뜻한 순종형의 여성이었는데 어디서 그런 용기가 났을까? 여사의 용기는 여러 고비에서 빛났다.

최근에 표지를 바꾸고 재발행 한 『프란체스카의 난중일기』는 6·25전쟁의 귀중한 사료로서, 파죽지세로 쳐내려오는 적 앞에서 나라가 소멸될까봐 그리고 38선 이북으로 진격하면서는 북한 관할지역에서 한국군을 배제하려는 유엔 때문에, 분노하며 마음 졸이던 이승만 대통령의 고뇌와 안타까움을 생생히 담고 있다. 서울과 운명을 같이하려 했으나 나라를 그대로 내줄 수 없어서 대전, 대구, 부산으로 밀려가면서 전황戰況에 노심초사하고, 국군 병사들이 무기도 제대로 없이 싸우니 미 사령부에 무기 지원을 매일 애원하고, 피란민들의 식량과 잠자리를 걱정하는 이 대통령을 위해 여사가 할 수 있는 것은 해외 요로에 보낼 서신 작성을 돕고, 빈약한 식사라도 끼니마다 챙겨주는 것이 전부였다.

낙동강 전선에서 사투死鬪가 이어지던 어느 날, 이 대통령은 여사에게 "대구 방어선이 뚫리면 내가 제일 먼저 당신을 쏘고 싸움터로 나가야 해요"라면서 당분간 도쿄의 맥아더 사령부에 좀 가 있으라고 명령한다. 여사는 복종적인 아내였으나 그 명령엔 불복하고 대통령 곁을 지킨다.

연일 계속되는 대구의 살인적 폭염 속에서 대통령의 등이 땀띠로 뒤덮였다가 짓물러서, 필요한 것 있으면 부탁하라 당부했던 무초 미 대사에게 땀띠약과 비타민 등을 받았는데 그만 약상자를 대통령에게 들켜버린다. 대통령이 국방장관에게 상자째 넘겨주면서 전선의 병사들에게 갖다 주라고 하니 땀띠약 하나만 빼 놓고 가라고 하고 싶지만 안타깝게 지켜볼 수밖에 없었던 사연도 들어있다.

결혼을 반대했었지만 전쟁 중에는 구호품을 챙겨 보내주던 친정어머니, 결혼 후 17년간 가 뵙지 못한 어머니가 별세했을 때 대통령은 장례에 다녀오라고 하지만 여사는 빈까지의 여비 마련도 어렵거니와 대통령의 곁을 떠날 수 없는 상황이라서 엄두를 못 냈다고 한다.

프란체스카 여사의 일기를 읽으며 오늘의 영부인이 떠올라서 노엽기도 하고 슬프기도 하다. 김정숙 여사가 이 책을 꼭 읽으며 영부인의 영역이 어디인지, 자세가 어때야 하는지 새겨보기를 권하지 않을 수 없다. 2019/7/2

초등 사회 교과서는
동심童心 파괴용?

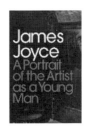

『젊은 예술가의 초상』
제임스 조이스

20세기 초 모더니즘의 대가 제임스 조이스는 아일랜드 태생으로 일찍이 아일랜드를 '탈출'했지만 일생 아일랜드를 그리며 아일랜드를 저술했다. 그의 자전적 소설 『젊은 예술가의 초상』의 주인공 스티븐은 어렸을 때, 당시 아일랜드의 민족 지도자 찰스 파넬의 간통 사실이 드러나서 그를 원수처럼 증오하게 된 어른들과 그래도 그를 지지하는 어른들의 격렬한 언쟁에 크나큰 충격을 받고 일생 조국에 대한 애증의 갈등을 겪는다. 어린이는 자신의 부모나 국가의 불명예나 결함에 깊은 마음의 상처를 입게 되고, 그것을 극복하기가 매우 힘겹다.

우리의 초등학교 사회 교과서가 어린이들에게, 오랜 빈곤과 불행을 마침내 극복하고 온 국민의 노력으로 세계 10위권 국가로 당당히 자리매김한 자랑스러운 대한민국 국민으로서의 긍지를 심어주지 않고 있다. 오히려 정당한 국가도 못 되는 하찮은 '정부', 수치스러운 불의와 불평등 사회의 시민으로서 기득권 세력을 무너뜨리는 데 앞장서는 것이 시민의 도리이며 나라에 기여하는 길이라고 인식시키고 있다.

현행 중·고교의 거의 모든 역사, 한국사 검인정 교과서는 한반도에서 북한이 정통성을 지닌 국가이고 남한은 정통성이 결여된 독재 체제였다고 제시한다. 그런데 교육부가 편찬하는 초등학교 교과서까지 2016년, 2017년에 사용하던 교과서를 2018년용으로 수정한다면서 집필자의 반대에도 불구하고, 집필자 인감을 위조해서까지, '자유민주주의'에서 '자유'를 없애고 대한민국이 유엔이 인정한 한반도 유일의 합법 정부라는 사실과 북한의 안보 위협을 삭제하는 등 자그마치 213군데를 수정했다고 한다. '자유' 없는 민주주의가 이런 것인가?

그 후속으로 나온 2019년도 초등 6학년 교과서는 4·19 혁명-5·18 광주항쟁-6월 민주화 운동-촛불 시위가 우리 현대사의 발전 단계인 것처럼 제시하며 동학도들의 '사발통문'식으로 오늘의 상황을 타도하자는 격문檄文을 작성해 보라는 과제도 부과하고 있다. 타도해야 할 상황은 좌파 정부인데 우파가 주적이라고 배운 초등학생들이 정신 분열로 내몰리지 않을지….

그런데 이 분별 없는 정부가 계획대로 내년도 6·25 기념행사를 북한과 공동으로 개최하면 그 이후엔 모든 교과서에 6·25가 민족의 통일을 위해 남북이 합심해서 38선을 허물고 재결합의 환희와 감격을 나눈 사건으로 대서특필하지 않겠는가? 백만 호국 영령을 이토록 모독해도 하늘은 지켜보기만 하려는가? 2019/7/9

수월성 교육이
대역죄라도 되는가?

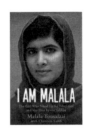

『나는 말랄라』
말랄라 유사프자이

세계 최빈국 중 하나이던 우리나라가 70년 동안에 500배 경제성장을 하고 세계 대국들과 당당히 어깨를 겨루게 된 것은 소 팔고 땅 팔고 자기 뼈를 깎아서 자녀들을 교육한 우리 위 세대의 은덕이 아닌가? 그런데 이 좌파 정부는 그 고위직 대부분이 자녀를 외고, 과학고, 자사고에 보내고 조기유학을 시켰는데 자사고, 특목고를 없애지 못해 안달이다. 백성을 우민화해서 자기 자녀들을 영원한 지배 계층으로 만들려는 계략인가?

부당하게 자사고 지정 취소 위기에 몰려 전국적으로 주목받게 된 전주 상산고는, 전북교육청이 전국 보편 자사고 재지정 기준인 평가 합계 70점보다 10점 높은 80점을 기준선으로 선언하고, 그 위에 교육부나 교육청이 상산고에 권유나 지시한 일이 없는 사회통합전형 신입생 선발 비율 10% 이행을 평가 항목에 넣고, 이번 평가 대상 기간에 해당하지 않는 운영 사례도 감점하는 등 자의적이고 부당한 평가를 근거로 지정 취소 대상으로 판정했다. 학생, 학부모, 교사의 만족도에서 만점을 받는 학교로 육성하기까지 재단이 몇 백억을 쏟아 붓고 교사, 학생, 학부모가 16년간 정성과 노력과 염원으로 구축한 국가적 인재 양성의 터전을 그렇게 멋대로 도륙해도 되는 것인가?

서울에서도 자사고 무려 8곳이 평가 항목별 점수도, 평가위원 명단도 공개되지 않은 '깜깜이' 평가로 지정 취소 판정을 받았으니 국민적 상식이나 정의 감각으로 도저히 납득할 수 없는 반민주적인 조처다. 헌법 정신에 반하는, 형평성·공정성·적법성이 결여된 이 조처로 다시 강남 8학군과 과외 학원 전성시대가 부활할 것이 뻔하다. 세계 과학과 기술과 학문의 지각地殼이 요동치는 이 결정적 전환기에 세계적 첨단 기술, 개념의 생성과 응용에 동참할 인재 양성을 교육청·교육부가 차단하다니, 정녕 희극인가 비극인가?

이번에 지정 취소가 예정된 자사고 11곳을 살릴 경우 예산 2,000억이 절감된다니 그 예산으로 국공립 학교 교육을 크게 향상시킬 수 있을 터인데 이 정부에는 '수월성'의 파괴가 교육의 최우선 과제인 모양이다. 이 정권의 '평등'은 어느 낭떠러지의 밑바닥일까?

2014년에 17세로 노벨 평화상을 받은 파키스탄의 말랄라 유사프자이는 탈레반 반군이 여성 교육을 죄악시해서 등교하는 여학생들은 총살하겠다고 선언했는데도 목숨을 걸고 학교에 다니다가 총격을 당한다. 우리의 좌파 교육감들에게서 '평등'을 '알라'신으로 섬기는 탈레반의 얼굴을 본다. 2019/7/16

문ᵡ대통령은
천재 외교관?

『한민족전쟁사』
온창일

대부분 못마땅하지만 문재인 대통령에 대해 연민이 일 때도 있었다. 그가 국제무대에 설 때다. 나 자신이 으리으리한 장소에서 저명인사들과 어울리는 것을 부담스러워하기 때문에, 도와주는 스태프는 많다지만 대한민국을 대표해서 폼 나게 세계 정상들과 사교를 하고 국익을 증진해야 하는 일이 얼마나 떨리고 긴장될까, 싶어서였다.

물론 국내에서도 문 대통령이 마주해야 할 저승사자—주사파 운동권, 민노총, 전교조 등등 문재인 정권 장악의 공신이며 대주주—들은 많고 문 대통령이 그들을 대차게 휘어잡고 군기를 세울 수 있는 사람은 아닐 듯하지만 그것까지 내가 안쓰러워해야 할 필요는 없다고 생각한다. 어제의 우군이 오늘의 채권자가 되는 일이야 정치의 철칙일 테니까. 어쨌든 문 대통령은 국내에서는 살벌하고 독기 어린 표정에서부터 흐뭇하고 사람 좋은 미소까지 여러 얼굴을 보이지만 초라해 보이지는 않는다.

그러나 문 대통령이 정상회담에 참석할 때는 대형 국제회의에 너무 안 어울리는 사람이라는 생각에 낙담스러우면서, 도금된 미소 뒤에서 자신을 냉철히 평가하고 있을 외국 정상들에게 친밀감을 표시하며 다가가기가 얼마나 어렵고 두려울까, 하는 생각이 든다. 문 대통령이 지난 2년간 참석한 G20과 아세안 정상회의에서는 그 자신도 미숙하고 스태프의 보조도 제대로 받지 못해서 '스타일을 구기는' 모습을 여러 번 노출했다.

그런데 오사카 G20 회의 이후에 청와대가 배포한 영상에는 문 대통령이 정상회담을 즐기며 십분 활용하는, 외교가 '노는 물'인 사람으로 비쳤다. 여러 정상과 화기애애한 인사를 나누고 스스럼없이 어울리며, 짧지만 쓸모 있는 대화를 하는 듯 보였다. 그 후에 문 대통령이 정상회의의 공식 세션을 반도 참석하지 않고 유독 그 (홍보) 동영상을 찍을 때만 공식 세션에 처음부터 참석했다는 말을 듣고는 속에서 쓴 물이 올라왔다. 나중에 몇 정상과 단독 회담을 하느라 공식 세션에는 빠졌다는 해명을 접했지만 번개팅 같이 짧은 단독 회담이 공식 세션보다 가치가 있었을까?

온창일의 『한민족전쟁사』를 보면 외교적 담판으로 적을 물리쳤던 을지문덕이나 서희는 기개와 기지나 말재주만으로 그것을 해낸 것이 아니었다. 면밀한 상황 판단과 최적의 전략, 그리고 담대함과 목숨을 건 우국충정으로 이룩한 것이었다. 국가 위기엔 홍보성 연기력의 효용은 제한적이다. 2019/7/23

장화홍련이 된
우리 국민

『장화홍련전』
전래 동화

우리는 흔히 동화라고 하면 인간이 상상할 수 있는 최고의 아름다운 이야기라고 생각하지만 동서양을 막론하고 동화에는 참 잔인한 요소가 많다. 세상이 무시무시하고 위험한 곳이라는 인식을 어릴 때부터 심어주기 위함일까? 동화 주인공은 대부분 그래도 시련 끝에 '동화 같은' 행복을 차지하지만 '성냥팔이 소녀'나 '인어공주'처럼 온갖 고초를 이겨내고도 쓸쓸히 죽거나 남의 행복을 지켜봐야 하는 경우도 적지 않다.

내가 기억하는 우리 고전 『장화홍련』의 줄거리는 이렇다.

〈어려서 어머니를 잃은 장화와 홍련이는 계모와 계모가 데리고 온 딸, 즉 이부동생에게 밤낮없이 학대당한다. 그래도 말없이 온갖 수모와 괴롭힘을 견디는데, 계모와 이부동생은 급기야 껍질 벗긴 죽은 쥐를 장화, 홍련의 이불 속에 넣고 장화와 홍련이가 처녀로 임신해서 유산했다고 소문을 퍼뜨린다. 장화와 홍련은 억울함을 못 이겨 죽고, 원혼이 되어서 계모와 이부동생에게 복수한다.〉

문득 이 동화가 떠오른 것은 지금 우리 국민이 장화홍련이 되었다는 생각이 들었기 때문이다. 계모가 장화와 홍련이의 어머니를 비방하고 모함해서 죽게 하고 그 자리를 차지했다는 내용은 없었던 듯하지만, 그랬다면 우리 국민 처지는 더욱더 장화, 홍련이와 일치한다.

계모는 계모 후보일 때는 친어머니보다 몇 배 헌신적으로 우리를 돌보며 섬기겠다고 거듭 서약하고는 들어오자마자 친어머니의 명예를 짓밟아 뭉갰다. 다음으로 불한당 떼거리를 불러들여 집안과 가산 관리를 맡겨서 집안의 기둥뿌리를 뽑고 가업을 쑥대밭으로 만들었다. 게다가 집 담장을 한 자씩 허물면서 젊은 옆집 깡패에게 살림을 하나씩 넘겨주고 마당 한구석에 그의 하수인들을 살게 한다.

보다 못 한 동네 사람들이 그 계모는 그 집안을 멸문시키기 위해 옆집 깡패가 심은 첩자니 빨리 내쫓으라고 다급히 경고하지만 이미 집은 물론 논, 밭, 선산까지 점령한 불한당 일당을 몰아낼 힘이 없다. 계모는 끊임없이 동네에 분란을 일으킨다. 가만있는 이웃에게 싸움을 걸어 적을 만들고 허우대가 우람한 폭력배에게는 설설 기면서 무엇이든 명령만 내리시라는 듯 굴종한다. 그러면서 카바레에 패싸움이 나게 하거나 정화조를 폭파해 동네 사람들의 시선을 분산해 자기 일당의 비행을 감춘다.

계모가 들이는 일꾼은 일 잘하는 일꾼이 아니고 일 저지를 일꾼들이다. 이번에 개각으로 새로 들일 장관, 수석들은 식구들이 원통해서 피를 토하고 죽으면 장사라도 지내줄 일꾼들일까? 2019/7/30

교육청과 교육부,
놀부인가 악마인가?

『모택동─인민의 배신자』
엔도 호마레

2000년대 초 중국에서 몇 달 머물 때, CCTV 영어 채널에서 매주 방영하는 중국의 대표적 지성인·문화인들의 일대기를 열심히 시청했다. 그런데 이 학자, 사상가, 예술가들의 생애에는 예외 없이 1960년대 말부터 1970년대 중·후반까지 공백기가 있었다. 말할 나위 없이 문화혁명기인데 '문화혁명'은 언급하지 않았어도 그 인물들이 당한 고난은 간략하지만 분명히 서술했다. 그 대목에서 내레이터의 목소리는 가라앉는 듯했다. 중국인에게는 얼마나 부끄럽고 원통한 일인가!

마오쩌둥의 '문화혁명'은 공산혁명의 순수성을 지켜내기 위해서 자본가와 전통 계층을 숙청한다고 선언했지만 그 광기 속에서 지식인이 무수히 희생된 것은 주지하는 바이다. 마오쩌둥이 젊을 때부터 지식인을 원수처럼 미워했다는 것은 엔도 호마레의 책『모택동─인민의 배신자』를 읽고 알았다. 마오쩌둥은 젊었을 때 북경대학 도서관에서 사서를 했는데 그때 거기 드나드는 학생, 교수, 지식인들이 자기의 존재를 의식하지 못하는 것을 참을 수 없었다고 한다. 그 후 코민테른이 마오쩌둥을 별 볼일 없게 보아서 그는 중공중앙위원회 총서기 자리를 지식인 6명이 지낸 후에—자그마치 22년을 기다려서—차지했다. 이런 연유로 마오쩌둥은 신중국 탄생 이래 지식인을 박해하고 교육 제도를 파괴했다고 한다.

캄보디아의 폴 포트는 쿠데타를 일으킨 후에 프랑스 등지에 유학 가 있던 지식인들에게 편지로 '우리 같이 새로운 (이상)국가를 건설하자'고 초빙해서 그들이 귀국하면 공항에서 체포하고 국내에서도 교육 좀 받은 사람은 다 체포해 극심한 고문 끝에 죽여, 인구의 5분의 1에서 3분의 1을 없앴다고 추산된다. 지식인에 대한 야수적 증오가 좌파 권력의 속성일까?

인간이 동물보다 몇 배, 몇 십 배 양육 기간이 필요한 것은 두말할 필요도 없이 교육을 받아야 인간답게 살 수 있고 한 사람 몫을 할 수 있기 때문이다. 맹수는 한 마리가 터득한 기술이나 요령을 자기 새끼들이나 무리에게만 전파할 수 있지만 인간은 지식에 기반한 창의력으로 한 개인이 온 인류에게 혜택을 미칠 수 있다. 그래서 국민에게는 교육받을 권리가 있고 국가는 최고의 교육을 공급할 의무가 있다.

교육부가 이번에 서울시 8개교 등 자사고 10개교의 인가 취소를 확정해서 한국의 수월성 중등교육에 치명적 타격을 입혔다. 국민의 지적 성장을 방해하고 국가 경쟁력을 떨어뜨리는 것은 반역·이적 행위가 아닌가? 2019/8/6

기업과 국민 살리는
한 가지 방도

『축적의 시간』
서울대공대 교수 26인

박근혜 정부 시절에는 잊을 만하면 한 번씩 대기업 주관 창조경제 행사가 보도되곤 했다. '창조경제'의 오묘한 개념을 설명할 수 있는 천재가 있을까? 개념도 불분명한 선전 구호에 맞는 행사를 준비하라는 정부의 후진국적 주문을 후진국 기업은 거절할 수 없을 것이다. 그런데 문재인 정부의 '기업 죽이기'에 비하면 박근혜 정부의 요구는 '우정의 어깨동무'였을 것 같다. 이 정권은 개업 직후부터 최저임금 인상, 주 52시간 근무제, 비정규직의 정규직 전환 강요, 살벌한 산업안전법 등의 그물을 전방위로 쳐서 기업을 옭아매고 강타하고 골수를 뽑아냈다. 탈원전 정책으로 기업의 가동 안전성이 심히 위협을 받게 되었고 노조의 무소불위 '실력행사' 앞에 기업은 무력하다. 기업을 '국민의 약탈자'로 지목하며 벌이는 문 정부의 로빈 후드 코스프레는 모든 기업이 망해야 끝날 것인가?

그러다가 급기야 정부가 일본에 엇박자를 놓다가 일본의 반발로 우리 첨단 산업들의 핵심 소재 확보가 위태롭게 되니 문재인 정부는 마침 잘됐다는 듯이 대일본 전쟁을 선포하고 반일 감정을 내년 총선 승리의 도구로 삼으려 한다. 한편으로 남북 경협으로 '평화경제'가 되면 일본을 쉽게 이길 수 있다며 북한에 러브콜을 보냈다. 북한은 콧방귀 뀌며 계속 미사일과 장사정포를 쏘아대며 '정신 차려라' '맞을 짓을 말라' '겁먹은 개' '만 사람의 웃음거리' '바보' '똥' 등의 모욕과 협박을 퍼붓는데 이런 일이 처음이라면 문재인 정부의 상사병이 애처롭겠지만….

그래도 북한에 무시와 모욕을 당하는 동안은 오히려 '평화'롭지만 북한이 경협을 하자고 달려들면 기업과 나라 경제는 폭망 아닌가. 무너져가는 북한의 기업과 경제를 살리라는 성화에 어느 기업인의 목으로 밥이 넘어가겠는가? 북한 경협 쓰나미가 휩쓸고 가면 살아남을 한국 기업이 몇이나 되겠으며 국민의 밥솥이 바닥나면 국가가 어찌 유지될 것인가?

『축적의 시간』에서 26명의 서울대 공대 교수들은 우리 산업이 '모방과 추격 중심의 성장 전략'에서 개념 설계의 역량을 갖춘 진정한 의미의 산업 선진국이 되기 위해서는 오랜 기간 지속적으로 경험을 축적해야 한다고 한결같이 조언한다. 문재인 정부는 사활의 위기에 몰린 기업들을 뻔질나게 회의를 한다고 불러대고 역할을 주문하지 말고 기업들이 요청하는 규제나 철폐해 주면 기업이 각자도생하고 미래를 위한 축적을 해서 나라를 먹여 살릴 것이다. 2019/8/13

1,000페이지를 넘어야 할
우리 헌법

『미국 독립선언서』
토머스 제퍼슨 등

지난달 대통령과 여야 5당 대표 회동이 있었을 때, 자유한
국당 황교안 대표가 국회 인사청문회에서 문제가 너무
많이 드러나서 보고서 채택도 거부된 윤석열 검사를 검찰총장
에 임명한 것은 잘못이었다고 지적했더니 문재인 대통령이 '규
정대로 한 것이다'라고 설명했다고 한다.

이 보도를 접하는 순간 "어, 대한민국의 고위 공직자 임용 규
정에 국회 청문회에서 거짓 발언을 거듭하고 비리 공직자와의
밀착 관계와 가족의 재산 형성상 의혹이 있는 후보가 검찰총장
으로 적임자라는 규정이 있었나?" 하는 의문이 일었다. 다음 순
간 "아, 장관급은 청문회를 통과하지 못하면 임명 불가라는 명
문 규정이 없는 틈새를 악용한 것을 문 대통령은 '규정대로' 하
는 것으로 생각하는구나" 하고 깨달았다. 이번에 조국 법무장
관 지명자가 현란한 풀세트 비리에도 임명이 강행된다면 외국
인은 물론 우리 국민도 대한민국의 법무장관은 자격이 불법적
목적을 위해 법률을 능란히 활용할 줄 아는 귀재여야 하는가 보

다 하고 경탄·경악할 것이다.

현 정권은 당연히 헌법과 법률의 원칙이 명백히 금하는 바이지만 세세한 금지 조항을 개설할 수 없었던 '틈새'만 헤쳐나가는 것을 '통치' 행위로 간주한다는 생각이 든다. 통치자와 정부 당국이 해서는 안 될 모든 사항을 망라하려면 헌법이 1,000페이지가 넘어야 하고 관련 법률과 시행 세칙은 10만 권은 되어야 하지 않겠는가? 국정 운영에 관한 법률은 민주국가에서 선거를 통해서 선출된 통치자라면 당연히 헌법 정신을 받들면서 국리민복을 위해 성실히, 합리적이고 양심적으로 일할 것이라는 전제하에서 국정 운영의 틀을 제시한 것이지 삼척동자도 알 만한 사항까지 허가하고 금지하는 문서가 아니다.

민주주의의 선봉국 영국엔 성문헌법이 없다. 통치자·피치자의 상호 권리와 의무의 원칙을 규정한 대헌장大憲章·Magna Carta 등 몇 역사적 문서를 기반으로, 국가 대사는 의회의 토론으로 결정한다. 법조문의 구속을 받지 않아도 권력자는 국리민복을 위해 최선을 다하고, 토론을 통해 최선의 지혜를 도출하는 것이 영국의 저력이다.

미국의 독립선언서는 "정부의 정당한 권리는 '피통치자의 동의'로부터 나오고, 피통치자가 통치 행위에 동의 못 할 때에는 정부를 폐지하고 새로운 정부를 수립할 수 있다"고 선언하고 있다. 지금 이 나라 삼부 요인 중에서 국민이 그들의 통치자로서 자격을 인정하는 인물이 몇이나 되겠는가? 2019/8/20

'철저'한 법무장관?
No, No!

『맥베스』
셰익스피어

오우울한 날들에 그래도 잠시 웃게 해주는 인터넷 유머는 '정유라한테 승마 배울래, 조○한테 수술 받을래?'이다. 조 씨는 28년이라는 세월을 철저하고 용의주도한 아빠 때문에 하루도 편할 날 없이 시달리다가 이제 고졸(중졸?) 학력으로 몰락할 신세가 되었다. 그래도 의사 노릇을 안 하게 된 것이 그녀 자신과 그녀의 애꿎은 환자들을 위해서 얼마나 다행인가.

하기는, 조국 법무부 장관 후보자가 딸을 기어코 의사를 만들려고 그토록 술수를 쓴 것이 조국 일가가 웅동학원을 없애고 대신 병원을 지으려는데 의사 면허를 가진 사람이 있어야 가족 기업이 될 수 있기 때문이라는 해석이 사실이라면 조 씨는 면허만 따면 의료 행위는 안 해도 되었을지 모른다. 어쩌면 조 씨가 능력도 적성도 안 맞는 의전원에 다니기 싫다고 부모에게 읍소泣訴를 하면 조국이 '의사 면허 딴 다음엔 네 맘대로 살아'라고 달랬는지도 모른다.

그런데 일요일에 조국이 기자회견을 자청해서 '아버지로서 불철저하고 안이했다'고 '반성'을 하는 데는 기가 질렸다. 조 씨가 목표한 대학과 대학원에 응시하는 해에 조 씨를 위해 고안된 듯한 입학제도 신설 또는 수정이 행해진 것, 조 씨가 유급을 면하고 장학금을 받을 수 있도록 부산대의전원의 학칙이 바뀐 것, 조 씨를 위해 마련된 듯한 대학과 기관들의 인턴 기타 (일시적) 제도들…. 이것들이 조국의 철저한 기획 없이 우연히 된 것일 수 있을까? 조국이 그보다 철저했다면 어떻게 되었을까 생각만 해도 소름이 끼친다. 조국은 딸의 진학이 당시 존재했던 '법과 제도를 따랐던' 것이라고 주장하면서 그럼에도 그 법과 제도에 '접근할 수 없어서' 상처받은 사람도 있을 것임을 인정했다. 그는 그럼에도 '저의 가족이 고통스럽다 해도 제가 짊어진 짐을 함부로 내려놓을 수는 없다'고 한다. 어느 출사표가 이토록 비장할까!

그가 그동안 SNS와 기고문을 통해 쏟아낸 무수한 위선적 발언과 박근혜 전 대통령을 비롯한 보수 인사들의 불운이나 몰락을 비웃는 잔혹한 말들은 그가 지극히 위험한 반사회적 인간임을 입증해준다. '법과 제도를 따라'서 국고를 축내고 서민을 울리는 자가 법무장관이 되면 나라가 무사할 수 있을까?

조국도 자기의 국기 문란 행위를 뉘우칠 날이 있을까? 왕을 살해하고 왕위를 찬탈한 맥베스는 거대한 대양大洋도 자기 손에서 반역의 피를 씻어내지 못하고 오히려 바다가 붉게 물들 것이라고 통탄했다. 2019/8/27

지옥을
예약한 사람들

『신곡』 지옥 편
단테

조국 법무부 장관 후보자가 지난 10년간 트위터에 올린 글을 모아보았더니 1만 5,000건이 넘는다고 한다. 그중 다수가 이런저런 인사의 행동을 비난하고 징벌을 제안하는 글인데 그런 행동을 자기가 똑같이, 또는 더 지독하게 하거나 심지어는 뒷구멍으로 이미 했으니 참으로 요사스럽다. 그 글들이 자기를 찌르는 창끝이 되리라는 생각을 한 적이 없었다면 백치일 것이고, 그런 생각을 했으면서도 계속 그런 글을 올렸다면 사이코패스가 아닐 수 없다.

게다가 그를 편드는 사람들의 지적·도덕적 수준 또한 너무나 한심해서 탄식이 절로 나온다. 위장 소송을 통해 수십억 원의 빚 상환을 회피하고, 직위를 이용한 정보로 펀드 투자에서 막대한 경제적 이득을 취하고, 자기 자식의 편법 스펙 쌓기로 남의 자식 교육 기회를 박탈한 것이 거의 확실한 혐의자에 대해, 자신도 청문회에서 의혹이 많았던 어느 인사는 그의 비리 사실 보도는 못난 기자들의 그에 대한 시기심 때문이고 검찰 수사는 저질 스릴

러라고 매도했다. 쌍욕이 특기인 어느 도지사는 조국에 대한 비난은 마녀사냥이라고 했고, 과거에 정유라를 입학시킨 이화여대를 뒤집어엎어야 한다던 교육감은 조국 딸의 입학이 정당했는지는 감찰할 계획이 없다고 했다. 그 외에도 조국의 사퇴와 수사를 요구하는 사람들은 내란 세력이라고 한 코미디언을 비롯해 명백한 불법과 사회 교란 행위를 두둔하는 인간이 어찌 이리 많을까?

조국 사태에 대한 대통령의 철저한 침묵은 '범법자라야 법을 잘 수호할 것'이라는 그의 소신을 반영하는 것일까? 그의 '지소미아' 파기도 조국 비리에 대한 연막이라는 견해가 맞는다면 문재인 대통령에게는 조국 수호가 국민 안전보다 우선순위라는 말인가? 일본을 모욕하며 국민의 반일 감정을 자극해 외교 실패를 덮으려 하더니 이제는 미국과도 결별 절차를 밟아서 국제사회에서 '무소의 뿔처럼' 혼자 가려 한다. 적자 국채를 60조 원으로 늘려 놓고서 남북 경협으로 일본을 단숨에 뛰어넘겠다니 국민은 초등생 수학도 못 하는 줄 아는가?

단테의 『신곡』 지옥 편 19~32장에는 사기꾼, 위선자, 사회를 분열시킨 자, 반역자들이 벌 받는 모습이 담겨 있다. 위선자는 지옥의 바닥에 못 박혀 지나가는 죄인들에게 밟히고, 사기꾼은 인간·야수·파충류가 합쳐진 몸으로 꿈틀거리고, 사회를 분열시킨 죄인은 몸통과 사지가 끊임없이 잘리고, 부패 정치인은 역청瀝靑이 끓는 호수에 처박혀 있고, 반역자는 얼음 덩어리 속에 뒤틀린 자세로 박혀 있다. 조국이 트위터에서 처방했을 법한 징벌이 아닌가? 2019/9/3

청문회가
거짓말 경연 대회인가?

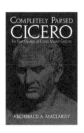

『카틸리네 고발 1차 변론』
키케로

솔직히 우리나라의 국회 청문회는 답답해서 참고 보기가 힘들다. 청문위원들의 예리하지 못한 질문과, 뻔한 거짓 답변을 들어도 즉각 해부해서 모순을 드러내고 숨통을 누르듯 실토하게 만들지 못하는 무능이 이유이다. 그러나 청문회에서 공직 후보자가 허위 진술을 얼마나 많이 하든 그것이 법적 제재를 받지 않는다는데 더 근본적 문제가 있다. 국회 청문회에 증인으로 나온 사람은 허위 진술을 하면 처벌을 받는데 검증 당사자는 허위 진술을 해도 임명 철회나 파면 기타 법적 처벌을 받지 않으니 범법자가 국무위원, 검찰총장, 대법관, 대법원장이 될 수 있고 되는 것 아닌가.

지난 금요일의 조국 후보자 검증 청문회는 후보자의 국무위원, 법무부 수장 자격 검증 대회가 아니라 거짓말 능력 검증 대회, 범법 사실 위장 능력 검증 대회 같았다. "전~혀 사실이 아닙니다"라며 제법 분개한 듯한 어조로 질문 사항을 부인하고, 처음 듣는 말이라거나 그때는 몰랐다거나 알아보겠다로 시종일관

의원들을 농락했다.

　겨우 20~30명이 식사할 수 있는 식당에서 청와대 민정수석실 전원 70~80명이 회식을 했는데 윤규근 총경과 형제 간 이상으로 다정하게 찍은 사진은 그날 회식 장소가 좁아서 일찍 와서 먹은 사람은 나가고 새 사람 들어와 먹는 중에 (송별연 같은 특별한 회식도 아닌데) 수석이 모든 직원과 한 사람씩 단독으로 찍은 사진 중 하나라는 헛소리, 딸을 낳기도 전, 2개월 태아일 때 후보자의 부친이 (태아의 성별을 독단적으로 정해서) 출생신고를 해서 주민등록상 생일이 다르게 되었다는 이상 망측한 주장 등 그의 창작력은 정말 무한했다.

　문 대통령도 그 청문회를 일부라도 보았다면 그가 나라의 법질서를 완전히 파괴할 인물임을 인정하지 않을 수 없었을 텐데 임명을 강행한 것을 보면 이 정부에서 법적 정의의 상징, 법률 개혁을 관장할 사람은 위조와 위선, 거짓말과 독식의 달인이어야 하는 모양이다.

　기원전 1세기 로마공화국의 웅변가 키케로는, 집정관이 되지 못하자 원로원 의원들을 암살하고 로마시에 방화해서 나라를 장악하려던 반역자 카틸리네를 원로원에서 꾸짖고 고발한다. '이제 우리 모두의 조국인 이 나라는 너를 증오하고 두려워하며, 조국을 살해하려는 자라 여길 뿐'이라며 로마를 떠나서 시민들을 두려움에서 풀어주라고 요구해서 그를 추방하고 로마를 구한다. 오늘 우리나라와 국민을 조국이라는 재앙에서 구할 사람은 누구일까? 2019/9/10

남산 시대로의
회귀인가?

『무가베와의 만찬』
하이디 홀런드

지난 14일 사모펀드 운용사 '코링크[PE]' 실소유자로 알려진 조범동이 귀국해서 공항에서 체포되었다는 소식에 환호한 국민은 다음 날에는 대한민국의 범죄 수사가 밀실에서 행해지게 되었다는 소식에 낙담해야 했다. 조국 '무법부' 장관이 포토라인을 없애고 검찰 브리핑도 금지하다시피 하고, 공적 인물 피의자의 실명 공개도 못 하게끔, 범죄 수사를 '깜깜이' 모드로 전환하려고 획책하는 모양이어서이다. 검찰청에 초대형 암막을 두르는 것이 조국 식 검찰 개혁인가?

물론, 포토라인은 대개 볼썽사납고 상당히 비인간적인 면도 있다고 생각한다. 그러나 포토라인은 인권침해가 아닌 인권 신장에 보탬이 되도록 운영할 수도 있다고 생각한다. 포토라인을, 따로 기자회견을 마련할 힘이 없거나 겨를이 없었던 피의자에게 절실한 소명의 기회로 활용하도록 하면 일석이조가 아니겠는가? 원하는 피의자에게는 기자들 앞에서 2~3분 입장을 발표하고 단 5분이라도 질의응답을 할 수 있게 하는 것이 바람직

하다고 생각한다. 그러나 언론과의 접촉을 피하고 싶은 피의자는 취재진을 5m 이내로 접근하지 못하게 해서 보호할 수 있다.

또한 국민적 관심이 집중된 사건의 경우 피의사실 유출은 차단하되 검찰의 공식 브리핑을 늘려야 한다. 특히 이번 조국 사건처럼 검찰이 권력의 견제를 받고 있다는 국민적 우려가 높은 사안에서는 국민의 알 권리 충족은 물론 검찰의 성역 없는 수사를 위해서도 필요하다.

유시민 작가는 며칠 전 몹시 흥분해서 '대통령의 조국 임명 강행은 대통령이 (국민에게) 먼저 방아쇠를 당긴 것이다'라고 조국의 임명이 대국민 선전포고임을 확인했다. 문재인 대통령은 철권통치, 독재의 문턱을 넘었다. 이제는 국민이 대응 사격할 순서이다. 그런데 지금 국민과 대통령 사이에는 아무 완충재가 없다. 문 대통령이 나라에 쌓은 공로나 국민에게 입힌 은혜가 없기 때문이다. 이제껏 축출된 독재자들은 대부분 일생 나라를 위해 사선死線을 넘나들며 큰 공로를 쌓았지만 말년의 실수로 축출되었다.

최근 사망한 무가베 전 짐바브웨 대통령은 짐바브웨의 절대다수 흑인들을 소수의 백인들의 지배에서 구하기 위해서 무장투쟁을 이끌고 11년간의 옥살이를 비롯해서 온갖 고초를 겪었다. 1980년 집권 이후 교육을 보급하고 위생을 향상시키고 경제 성장을 이룩하고 인종 화해를 위해 노력해서 '아프리카의 희망'으로 불리기도 했으나 독재자로 변해서 2017년에 축출되었다. 문 대통령은 무슨 업적에 기대서 국민의 무한한 아량을 요구하는 것일까? 2019/9/17

순국하지 말라는
좌파정부

『영웅은 없었다』
김한나

人 애틀 교향악단 공연장인 베나로야홀 외벽에는 미국 시인 아치볼드 매클리시의 전몰장병을 기리는 시구가 새겨져 있다.

우리는 모릅니다. 우리의 삶과 죽음이
평화와 새로운 희망의 서곡이었는지 아니면 헛된 것이었는지.
우리의 죽음을 당신들께 남기니 의미를 부여해주세요.
우리는 젊어서 죽었습니다. 우리를 기억해 주세요.

인류 역사상 얼마나 많은 생명이 나라를 방어하다가 스러져갔던가! 평범한 사람은 대개 자신이 유사시에 나라를 위해 선선히 목숨을 던질 수 있다는 확신이 서지 않을 것이다. 그러나 나라가 위기에 처하면 수많은 청년이 목숨을 던져 나라를 구한다. 얼마나 놀라운 기적인가! 그들의 은혜로 나라와 생명을 보전한 우리는 당연히 그들을 깊이 애도하고 그들의 희생을 보람되게 해야 한다.

2002년 연평해전에서 침몰한 참수리호 조타장이었던 한상국 하사(당시 계급)는 옆구리에서 심장 쪽으로 85㎜ 철갑탄이 관

통해서 사망했는데, 갯벌에 묻혔던 선체를 41일 만에 인양했을 때까지 신체가 온전했고 방향타를 놓지 않고 있었다고 한다. 그러나 인양하러 들어간 동료가 '상국아, 이제 됐다. 이제 집으로 가야지' 하고 말하니 손이 스르르 풀렸다고 한다.

이런 순수한 청년들의 애국심이 아니면 어느 나라가 명맥을 유지할 수 있겠는가? 지구상 수많은 강대국이 국방을 용병에 의지했다가 멸망했다. 로마제국도 병력을 정복지에서 징발하게 되면서 멸망의 길로 들어섰다. 그런데 우리는 목숨을 던져서 우리나라를, 우리 생명을 지켜준 우리의 청년들을 홀대하고 심지어 비하, 모욕하고 있다. 지난주에 보훈처는 2015년 북한이 DMZ에 묻은 목함 지뢰에 두 다리를 잃은 하재헌 중사의 상해 등급을 '전상戰傷'에서 '공상公傷'으로 낮추었다. 하 중사의 참변은 북한이 비무장지대에 침투해서 지뢰를 매설하는 것을 우리 군이 막지 못해서 발생한 것이었는데 나라가 그를 이렇게 대접하니 우리 군의 방위 태세가, 그리고 장병들의 국토 수호 결의가 유지되겠는가?

서해 교전 전사자들이 받은 대접은 참으로 온 국민의 공분을 살 수준이다. '국민의 정부'는 전사자 가족들에게 '시신 찾다가 전쟁 나면 당신들이 책임질 거요?'라면서 시신 인양을 41일이나 미룬 것을 비롯해서 전사자를 거듭 죽이고 가족 가슴에 무수히 대못을 박았다. 문재인 정부는 조국 같은 모리배를 나라 정의의 수호자로 임명해서 젊은이들에게서 나라를 방어할 의지를 박탈하고 있다. 문 정부의 수뇌들은 북한이 침략해올 때 누구에게 생명을 기탁하려는 것일까? 2019/9/24

불법 수호대의
등장

『논어』 안연편 제7장
공자

○즘엔 신문을 펼쳐도, TV를 보아도, 카톡을 열어도 폭
풍 속에서 출렁다리를 건널 때처럼 나라가 천길 바닥으
로 추락해서 산산조각 날 것만 같다. 조국 법무부 장관의 추락
은 단지 시간문제지만 동반 추락 규모가 어떻게 될까? 그가 버
틸수록 동반 추락자는 기하급수로 늘 것이 뻔해서 좌파진영에
서도 조국 때문에 좌파가 다 망하겠다는 탄식이 자자한데, 그는
딴에는 자기가 좌파 정부의 버팀목이라는 환상에서 저런 만용
을 부리는 것인가? 그런데 그가 추락하면서 현 정부 세력뿐 아
니라 온 국민을 지옥으로 빨아들일까 봐 걱정이다.

조국은 임명 전에는 '자신과 가족에 관한 수사 보고를 받
지 않겠다'고 선언해 놓고 자기 집에 압수 수색 나온 검사에게
전화로 '수사를 짧게 해 달라'고 지시했다. 그러고는 이 반칙을
'인륜'이라고 주장했다. 이 나라에서 오직 법무부 장관만 행사할
수 있는 '인륜'이라니! 조국이 법무부 장관인 동안 '인륜'이 어떤
월권을 호도하고 범죄를 정당화하게 되려는가?

조국류의 궤변은 전염성 질환인 모양이다. 그의 라이벌이며 동지라는 유시민은 조국 아내의 컴퓨터 본체 빼돌리기가 증거 인멸을 위한 것이 아니고 증거를 보존하려는 것이었다고 역성을 들었다. 웃음이 나오려다 비명이 나온다. 다른 조국 구하기에 나선 인사들의 말도 모두 궤변인데 마침내는 대통령이 '인권을 존중하며 수사하라'는 지침을 내렸다. 과거에 문재인 대통령이 엄정한 수사, 신속한 수사를 촉구한 것은 인권을 짓밟으라는 주장이었나? 문 대통령은 야당 대표 시절 반년 넘게 지속되었던 촛불 시위 현장의 그 광란의 음란, 인권 말살 퍼포먼스를 즐기고 손뼉 치지 않았던가? 그런데 이제는 관제 '불법 수호대'까지 등장했다. 해방 후의 좌익 결사대, 1950년대의 정치 깡패가 21세기에 부활할 줄이야!

이 정부 들어서 우리 사회의 버팀목이 하나씩 쓰러졌다. 경제가 폭망했고 국방은 해체되고 있다. 그런데 이제 문 정권의 위정자들은 국법을 사유화하려 한다.

『논어論語』 안연顔淵 편에서 공자는, 그가 통치의 필수 요소라고 꼽은 양식과 군비와 백성의 신뢰 중에서 부득이 하나를 버려야 한다면 무엇을 먼저 버려야 하느냐고 제자 자공子貢이 묻자 군비를 버려야 한다고 했다. 그다음으로 포기할 것을 묻자 양식이라고 했다. 양식이 없으면 죽지만 사람은 언젠가 죽는 법. '백성이 군주를 신뢰하지 않는다면 (나라는) 존립할 수가 없다民無信不立'는 것이다. 법의 허리를 부러뜨려서 시궁창에 처넣으면 나라가 폭삭 꺼지지 않을 수 있을까? 2019/10/1

자기기만의
명수들

『카라마조프가의 형제들』
도스토옙스키

도스토옙스키의 『카라마조프가의 형제들』에서 수도원장 조시마는 탕자인 카라마조프에게 자신을 기만하지 말라고 타이른다. "자신에게 거짓말을 하고 자기 거짓말에 귀 기울이는 사람은 스스로 자기 속의 진실을 식별하지 못해서 자신과 타인에 대한 모든 존경심을 잃게" 된다고.

요즘 우리나라는 완전히 자기기만의 최고 고수들에게 장악되었다. 그들은 아무리 봐도 우리 모두가 타고났다고 칸트가 말한 내재적 도덕률이 결여된 선천성 장애인임이 확실하다. 그들은 무능과 뒤틀린 이념으로 나라를.가난하고 혼탁하고 병들게 하는 것을 '애국 행위'라고 자신을 기만하고 있는 것이 분명하다. 그런 인물들이 벌이는 국가 파괴 경연장에서 이 처량한 백성들은 삶이 곡예와 같다.

조국 법무부 장관이라는 인간은 자기가 무슨 악행을 저지르고 사회질서를 교란하고 국가를 모독해도 국민은 자기를 추종하고 경배한다는 것을 확인하고 싶어 하는 사이코패스인 듯하다. 딱하게도 그의 지지자들 역시 그가 아무리 파렴치해도 자신들은 그를 일편단심 지지하는 '의리파'임을 증명하려 하는 것 같다. 그런데 그들은 그들의 '의리'가 나라를 망쳐서 그들의 후손을 적빈赤貧의 독재국가에서 인간 이하의 삶을 살거나 아예 나라조차 없는 국제 난민이 되게 할 것을 모르는 것 같다.

조국의 지지자들에게 묻는다. 죄도 없는, 또는 자신에 비하면 지극히 경미한 혐의의 피의자에게 구속 수사를 촉구하고 강도 높은 수사를 요구하는 등 무수한 조국의 '조적조' 페북 글들이 그에게는 적용되지 않아야 할 여하한 이유가 있는가? 그가 추진한다는, 그리고 반드시 이뤄내겠다는 '검찰 개혁'이 나라의 정의를 진작할 것인지 파괴할 것인지, 검토라도 해 보았는가? 그가 법무장관으로 연방제 개헌을 해서 나라를 김정은에게 양도한다 해도 지지할 것인가?

문재인 정부는 조국 때문에 나라가 망하는 것을 볼 수 없어서 공휴일을 반납하고 도심으로 쏟아져 나온 수십만 애국 시민의 절규와 청와대 앞에서 얇은 비닐 한 장 깔고 7일간 철야 농성까지 하는 국민의 절박한 충정은 깡그리 무시하고 적법 수사를 방해하는 '조빠'들의 검찰청 앞 집회를 초대형 스크린과 초고성능 마이크로 터무니없이 부풀려서 자신들의 세가 우월하다고 선전하면서 그들 자신도 그런 환상에 빠져서 뻔뻔하게 버티고 있다.

조국은 우리 국민의 각오와 결집을 촉구하기 위해 하늘이 내린 재앙이자 마지막 기회가 아닐까? 2019/10/8

게슈타포 신설이
개혁이라니…

「성당에서의 살인」
T. S. 엘리엇

'황제 조사'를 받는 정경심 교수의 기분이 어떨까? 정 여사 덕분에 이제 어떤 흉악범도 국민 앞에 얼굴이 노출되지 않고, 소환에 응하는 날짜도 조율할 수 있고, 심야 조사도 거부할 수 있고 수사 도중에 장시간 휴식을 요구할 수도 있게 되었다. 그 위에 2시간 반 수사 받고 11시간 조서 검토를 하는 선례까지 만들었으니 사법 개혁의 반은 자기가 이뤘다고 자부할 만도 하겠다.

이번에 시행되는 공개 소환 폐지, 특수부 축소, 피의사실 공표 금지는 이제까지의 비인간적 관행의 폐기라는 점에서 매우 환영할 일이지만 조국 사건을 계기로 이루어지니 수사가 힘을 잃을까봐 걱정되는 것이 사실이다.

검찰의 특수부는 이 정부 들어와서 전 정권 요인들을 수백 명 엮어 넣으면서 몸집이 두 배로 부풀었는데 다시 반으로 줄어들고 그 핵심적 권력을 '공수처'에 양도하게 되는 모양이다. 공수처 신설은 고위 공직자, 삼부 요인이 아닌 평범한 국민과는 무관한 일 같지만 '공수처'의 인적 구성이 반 이상 검사가 아닌 인사들로 채워진다니 경악스럽다. 이 정부의 인사 행태를 보면 어떤 인사들로 채워질지 뻔한데, 그들이 삼부 요인의 목을 틀어쥐게 될 때 이 나라가 어떻게 될 것인가? 게다가 조국은 이 '개혁'이 불가역적이 될 것임을 선언했다. 우리나라를 영원한 게슈타포 국가로 재출범시키겠다는 말이다.

12세기 영국에서 왕권의 교회 장악에 저항하다가 살해당한 토머스 베켓 대주교는 원래 헨리 2세가 각별히 총애한 유능한 문신이었다. 그러나 왕이 그를 영국 교회의 수장首長인 캔터베리 대주교에 임명하자 '사제로서 의무와 신하로서 의무가 상충할 때는 사제로서 의무를 우선할 수밖에 없다'고 말한다. 절대 왕권 수립을 강력히 추진하던 헨리와의 대결은 불가피했고 베켓은 왕이 보낸 자객에게 암살된다.

이 사건을 소재로 한 T. S. 엘리엇의 시극詩劇 「성당에서의 살인」에서, 암살될 것을 예견하고 망명지에서 돌아온 베켓에게 부하 신부들은 '저항할 수 없는 파도와, 대적할 수 없는 폭풍과 맞서 싸우지 말고, 풍랑이 가라앉고 날이 새기를 기다리라'며 타협을 권하지만 베켓은 암살자의 침입에 대비해 성당의 문을 잠그는 것도 금지한다. 그가 무참히 살해된 후 한 신부가 그의 죽음으로 교회의 기둥이 무너졌다고 탄식하자 다른 신부는 그의 순교로 교회는 강화된다고 말한다.

우리의 검찰도 정권보다 법을 섬겨주기를 간절히 기도한다. 2019/10/15

조국의
불로소득

『과거와 현재』
토머스 칼라일

조국은 장관직 사표가 지난 14일에 수리되고 20분 후에 서울대에 복직을 신청해서 서울대 봉급일인 17일에 15일부터 말일에 해당하는 급여로 480여만 원을 받았다고 한다. 18일에는 법무부에서도 600여만 원이나 보수를 받았다는데 그건 논외로 하고 서울대 봉급만 보자면, 민정수석에서 법무장관으로 옮겨가는 사이에도 강의 한 번 안 하고 한 달 봉급과 추석 보너스를 챙겼고, 현 2학기는 이미 학과목 개설 기간이 지나서 강의를 안 하지만 내년 2월 말까지 봉급으로 4,000만 원가량 더 받게 된다고 한다.

사실 평범한 국민에게는 조국 일가가 무슨 펀드인지에 투자해서 수백억 벌었다는 말보다 팩스 한 장으로 봉급을 수백만 원 챙겼다는 말이 더 살 떨릴 것 같다. 현재 대학의 시간 강사료는 시간당 5만원이면 높은 편으로, 시간강사는 주 10시간 강의를 맡아야 한 달에 200만 원을 벌까 말까 하는데, 조국의 불로소득은 학생 등록금 절도 행위이며 모든 근로자에 대한 모독이 아닌가?

1981년 중동의 건설 현장에서 일하던 황종원 씨는 최명희라는 작가의 『혼불』이 D일보의 장편소설 공모에 당선되어서 상금 2,000만 원을 받았다는 말을 들었을 때 숨을 쉴 수 없었다고 한다. "같은 무렵 나는 사우디아라비아에서 아침 6시부터 밤 1시까지 코피 터지고 때로는 몸져누우며 일해도 1년 동안 1,000만 원을 모을 수 없었다. 우리는 생명을 사막에 묻을 각오로 일했다. 사람들은 공사장 모래 더미에 묻혔고, 중장비가 쓰러지면서 깔려 죽기도 했다. 사막은 너무 덥고 겨울의 밤은 혹독히 차가웠다. … 그런데 겨우 책 한 권 써서 2,000만 원을 받은 사람이 있다는 사실이 너무 황당하게 느껴졌다"고 한다. "그래서 그 책을 사놓고도 선뜻 읽지 못하다가 마침내 읽었을 때 작가 최명희에게 글쓰기는 내가 사막에서 일했듯, 생명을 거는 일이었음을 깨닫고 작가에게 죄스럽게 느껴졌다"고도 했다.(황종원의 '혼불 독후감'에서)

우리나라가 세계 최빈국에서 오늘 같은 선진국이 된 데에는 얼마나 많은 국민의 '뼈품'이 들어갔는가? 그런데 이 정부는 이렇게 온 국민이 뼈품으로 일으킨 대한민국 경제를 무너뜨려 국민이 뼈품을 팔고 싶어도 팔 수 없는 나라로 만들고 온갖 기생충이 일하는 국민의 등골을 빼먹게 하고 있다.

19세기 영국의 사상가 토머스 칼라일은 당시 무위도식하던 영국 상류층을 격렬히 비난하며 "인간은 일을 통해서 자기 존재를 완성한다"고 말했다. 우리는 국민의 일자리 먹어 없애는 하마인 문재인 정권을 얼마나 더 견뎌야 하는가? 2019/10/22

교사들에게서
학생을 구출해야 하는 나라

『사르베팔리 라다크리슈난 탄생 100주년 기념문집』
안얀 배너지 編

초등학교 5학년 때 담임선생님이 공산주의가 나쁜 이유를 '공산주의는 내 것, 네 것이 없이 모든 것을 공동 소유로 하는 것인데 사람들은 자기 물건은 아껴 쓰지만 공동 소유인 물건은 아끼지 않고 마구 쓰기 때문'이라고 설명했다. 어린 마음에 사람들이 자기 소유가 아니면 물건을 마구 쓴다는 것이 납득이 안 가서 선생님 말씀이 믿기지 않았다. 그 후 살아가면서 사람들이 공공재나 남의 물건을 얼마나 험히 쓰고 낭비하는가를 새록새록 느끼면서도 그때 선생님 설명의 불충분함에 대한 아쉬움은 남았다.

그로부터 약 30년 후 1980년대 말에 대학을 갓 졸업한 한 젊은이에게서 자기 세대가 반자본주의적인 것은 학교에서 억지로 받은 반공 교육 때문이라는 말을 들었을 때 충분히 공감했다. 그리고 그 후에 전교조 교사들이 교실에서 반자본주의, 친사회주의 이념 교육을 한다는 말을 들었을 때 나는 그들의 제자들은 반사회주의, 친자본주의 세대가 되겠구나 하고 생각했다.

그런데 전교조 교사들의 이념 교육은 훨씬 설득력이 강했는지 학생들을 무더기로 좌경화시켰다. 혼탁한 정치 상황과 악마의 교과서를 한껏 활용하며 전교조 교사들은 학생들을 인질로 잡는 데 크게 성공한 것 같다. 그러나 그 증오의 논리에 동의할 수 없어서 학교가 지옥이었던 학생도 많았을 것이다.

전교조 교사들에게 설득당한 학생들은 더욱 불행한 경우이다. 자기 사회의 체제가 비인간적인 불의의 온상이자 전복시켜야 할 체제이며 북한의 흉악한 인권유린 정권이 희망의 빛이며 충성의 대상이라고 믿게 되면 어떻게 자기 일에 한마음으로 정진하며 시민으로서 행복할 수 있단 말인가? 그들을 이 광기에서 구출해야 할 학부모들도 당장 자녀들이 다칠까 봐 달래기만 한 모양이다.

이번 인헌고 학생들의 선언을 보면서 우리가 우리의 새싹들을 이념 지옥에 수십 년간 방치한 죄인임을 절감했다. 어린 학생들이 그런 공개적 선언을 하기 까지 고통이 얼마나 컸겠으며 얼마나 필사적인 용기가 필요했을까? 교사가 강요하는 불의不義 옹호에 동참하지 않으면 공개 모욕을 주고 과제물을 이념 편향적인 글이 1,400개나 들어 있는 교사의 인터넷 카페를 통해서 제출해야 했다니 학생인가, 노예인가? 우리의 학교가 우리 새싹들의 창의력 대신 위장술을 배양했다니! 대한민국 고교의 평균치는 인헌고와 얼마나 다를까?

인도와 영·미의 명문대학 교수를 역임했고 그의 생일이 인도의 '스승의 날'인 인도의 대표 지성 사르베팔리 라다크리슈난은 "진정한 스승은 우리를 독자적으로 사고하도록 도와주는 사람"이라고 말했다. 2019/10/29

전쟁보다 두려운
화친

『북에서 남파한 고정간첩의 증언』
박성엽

김 정은이 자기 부친을 폄하하면서까지 "금강산의 너절한 남측의 시설들을 싹 들어내라"고 지시를 내렸다. 아버지 김정일이 남측과 협의해서 설치한 (당시의 첨단) 시설들인데 너절하다면 김정일의 안목이 형편없다는 이야기가 아닌가?

그런데 문재인 정권은 그 패륜아의 날강도 선언을 그나마 말 걸어 줬다고 고마워하는 기색이다. '창의적 해법을 모색하겠다'고 화답(!)하면서 '관광은 유엔안보리 제재 위반에 해당하지 않는다'고 했다. 그러니까 개별 관광객을 적극적으로 보내서 북한 경제에 푼돈이나마 보태겠다는 말이겠다.

그러다가 제2의 박왕자 씨 사건이 일어나면 어찌할 것인가? 김정은이 문재인 대통령의 모친상에 조의문을 보내고 바로 다음 날 미사일을 쐈는데 그것이 인륜상 결례라는 지적에 대해 정의용 안보실장은 '발인한 다음에 쐈다(그러니 결례가 아니다)'라고 해명했다. 매장이 끝날 때까지 기다려서 쐈더라면 김정은은 완벽한 국제 신사로 칭송받을 뻔했다. 지난 2년 반의 동해와 서해에서 행해진 북한의 무수한 도발, 침투 행위, 기타 온갖 비인도적 반칙에 대해서 문재인 정부는 늘 북한을 감싸고 변호했다. 급기야 우리 귀한 축구 선수들을 북한에 보내서 생명과 안전의 위협에 노출시키기까지 했다.

지난달 15일 평양 김일성경기장에서 열린 월드컵 예선경기가 그토록 기괴한 분위기에서 열릴 줄이야 예상 못 했겠지만 경기 중 몸싸움으로 살상이 발생할 수 있는 축구 경기에 그리도 허술하게 우리 선수를 보내다니, 김정은에게 우리 선수들의 생사를 맡긴 것이나 다름없지 않은가. 김정은이 '삼국지' 같은 데 나오는 "저 장수를 우리 편으로 만들지 못하면 반드시 제거해야 합니다"라는 속삭임을 떠올리며 우리 스타 선수들을 납치했다면? 그래도 문 정부는 허둥거리며 오히려 북한을 위한 변명 마련에 급급하지 않았을까?

1950년에 월북했다가 1968년에 간첩으로 남파되었던 박성엽 씨는 북한이 6·25 때 사흘 만에 서울을 점령한 후 3일간 진격을 멈추고 지체했던 이유가, 국회를 소집해서 이승만 대통령을 하야시키고 남북한 통합을 선언하려 했던 것이라고 증언한다. 당시 대통령은 국회에서 선출하는 간선제였으니 말 되는 계획이었는데 의원을 정족수만큼 모을 수 없어서 성사시키지 못했다고 한다. 그래서 오늘날, 안보가 이토록 허물어진 상황에서 북한이 서울을 점령하고 국회를 소집해서 '남북 단일 정부 선언' 같은 것을 해버리면 대한민국이 해체되지 않을까 걱정한다. 대통령의 국가관을 신뢰 못하는 국민은 두렵다. 2019/11/5

죽어도 가겠다고 했는가,
죽어도 가라고 했는가?

『메이지 유신을 이끈 카게무샤』
박상후

일본의 도쿠가와德川 막부 시절인 1657년, 3월 2일에서 4일까지 화재로 에도(현재 도쿄)의 절반이 불탔다고 한다. 당시 에도의 고덴마초에 있었던 막부 최대 규모 형무소에도 거센 불길이 엄습해서 그냥 뒀다가는 수감자 120여 명이 다 타죽을 수밖에 없는 상황이 되어 소장所長 격의 이시데 요시후카는 죄수 120여 명에게 "일단 그대들을 풀어 줄 테니 빨리 불을 피하라. 하지만 화재가 수습되면 반드시 돌아와야 한다. 돌아오지 않으면 나는 할복할 것이다"라고 말했다고 한다. 죄수들은 눈물을 흘리면서 불을 피해 흩어졌고, 화재가 진압되자 전원 감옥으로 돌아왔다고 한다. 이시데는 감격해서 죄수들의 감형을 막부에 탄원했고 죄수들은 전원 한 단계씩 감형을 받았다 한다. 이시데의 인도주의 정신은 메이지 시대의 감옥법을 거쳐 현행 일본 헌법의 형사 수용 관련 법률에도 계승되고 있다고 한다.

우리 법에도 피의자의 생명권과 소명 기회 부여 원칙이 엄연히 존재하는데 북한이 개재되면 모든 법률이 효력 정지되는 것 같다. 이번에 북한 오징어잡이 배의 선원 둘을 동해에서 나포했다가 닷새 뒤에 국민은 물론 국방부도 통일부도 모르게 청와대 결정으로 북송한 행위는 국민을 상대로 부린 요술이다. 국민을 감쪽같이 속이려 했을 뿐 아니라 어부들이 북한에 돌아가면 죄가 없더라도 잔인한 극형을 당할 것이 틀림없기에 국민적 공분이 높다. 어부들이 죽어도 북한으로 돌아가겠다고 했다는 주장을 누가 믿겠는가?

19명 탑승이 가능해 보이지 않는 허름한 작은 어선에서 세 사람이 무슨 수로 16명을 차례로 살해한다는 말인가? 그런 일이 가능하다 해도 그런 희대의 범죄자들을 국민 몰래 송환하고 없던 일로 하는 것이 정부의 권한 또는 재량에 속하는가? 대한민국 법률에 따라 대한민국 검경이 장기간 철저한 조사로 살해 여부, 살해 방법, 살해 동기 등 모든 사실을 규명해서 국민 앞에 공개한 후에 어부들의 신병 처리를 결정해야 하는데 어부들을 황급히 돌려보내고 증거물인 어선까지 송환했으니 진실은 수장水葬되었다.

이제껏 여러 건의 북한 선박 해상 침투를 처리하는 정부의 방식을 보면 우리의 해상 국경은 있으나 마나 한 것이고, 우리 정부는 국민과 운명 공동체가 아니고 북한과 깊은 내연관계 같다. 북한은 박왕자 씨 살해를 사과도 안 했는데 우리 정부는 금강산 시설이 낙후했으니 새로 지어주겠다는 제안까지 한 모양이다. 우리 국민이 어쩌다 의붓자식 신세가 되었을까? 2019/11/12

허리 부러진 검찰이
수호하는 나라?

『위대한 유산』
찰스 디킨스

19세기 영국의 문호 찰스 디킨스의 대표작 『위대한 유산』의 여주인공 에스텔라의 양어머니 미스 해비셤은 결혼식 날 신랑에게 버림을 받아서 모든 남성을 증오하는 노처녀다. 미스 해비셤은 양녀 에스텔라의 '가슴에서 심장을 빼내고 그 자리에 얼음을 넣어서' 세상 모든 남성을 증오하고 상처를 주도록 양육한다. 문재인 대통령은 대한민국이 자유민주주의 체제로 번영하고 행복한 것은 죄악이라고 확신하는 듯한데 어떤 양육을 받은 데 기인할까?

문재인 정부의 집권 세력들은 상식이나 양식, 순리 같은 인간 사회 기본 룰을 모르는 외계인들 같아서 이 사람들은 이치를 따져서 설득할 수도 없고 인간 보편 정서로 호소할 수도 없다는 절망감을 느낀다. 우리나라 경제 체질을 완전히 망가뜨리고 무수한 가계를 파탄시킨 '소주성'이 잘되어 가고 있으니 더욱 힘차게 밀고 나가겠다는 사람들에게 무슨 논리를 제시하며 어떤 나라 사정을 들어 호소한다는 말인가?

취임 초부터 매우 불길한 예감이 들었지만 그래도 설마 자기가 통치하는 나라를 의도적으로 망치기야 하겠는가, 경험 미숙 탓이겠지, 했다. 그러나 그 모든 참담한 정책이 실수나 단견 때문이 아니고 나라 속을 박 속처럼 모조리 긁어내어서 자기 패거리에게 먹이고 껍데기는 깨 버리는 것이 이 정부의 의도라는 의심이 확신으로 변했다. 이 정권 들어서 어느 한 분야도 나아진 데가 없고 모든 분야가 비리 범벅이 되었지만 이 정부는 가책을 느끼기는커녕 관심조차 없어 보인다.

일제강점기 징용공 배상 판결은 일본에 대한 명백한 선전 포고인데 얼핏 '맨땅에 헤딩' 같아 보이지만 사실은 비장한 대결을 연출했다가 왕창 깨지면 민족 감정을 자극해서 표를 긁어모을 속셈 아니었나 싶다. 고민정 청와대 대변인은 지소미아 종료 선언을 번복한다면 '신중하지 못한 결정임을 인정하는 것'이 되니 번복할 수 없단다. 신중하지 못한 결정을 했으면 빨리 인정하고 되돌려야 걷잡을 수 없는 손실을 방지할 수 있는 것 아닌가? 이제껏 이 정부의 모든 외교가 국제사회가 보기에, 그리고 우리 국민이 보기에도, '내 발등 찍기'이며 '심각하고 옹졸한 실수'였는데 정부는 희생양 코스프레를 기획하는 듯하다.

'촛불 혁명'으로 나라 기강이 무너졌음을 자인하는 이 정부는 '사법 개혁'으로 나라를 소생시키겠다고 맹세한다. 그런데 그 내용은 검찰 무력화이다. 검찰의 주요 부서를 폐지하고 수사 권한과 자율성을 박탈하는 것이 개혁인가? 검찰의 척추를 부러뜨려서 나라를 소생시킨다는 개념이 퍽 독창적이기는 하다. 2019/11/19

황교안 대표의
아사餓死를 기다리나

『백범일지』
김구

김구 선생의 자서전『백범일지』를 보면 선생은 한·일 합병 이듬해인 1911년 일제에 의해 경성 감옥에 간힌다. 순사들의 모진 고문은 꿋꿋이 버텼는데 일제가 겨우 죽지 않을 만큼만 먹일 때는 굶주림이 너무 괴로워서 '아내가 나이 젊으니 몸을 팔아서라도 맛있는 음식을 늘 들여주면 좋겠다는 생각까지도' 났다고 한다.

창자를 쥐어뜯는 배고픔의 고통을 참는 단식은 보통 사람은 엄두를 낼 수 없는 고행이다. 그래서 단식은 종종 비폭력 투쟁의 강력한 도구로 쓰였다. 고통만큼의 대가를 거둔 경우도 상당하지만 극심한 영양 결핍과 장기 손상 등으로 목숨을 잃은 경우도 적지 않았다. 목숨을 잃지 않아도 여러 날 단식은 혹독한 후유증을 남긴다고 한다.

자유한국당의 황교안 대표가 지난 수요일 지소미아 종료 반대와 '연동형 비례대표제' 선거법, 공수처법의 국회 본회의 통과 저지를 위한 무기한 단식에 들어갔다. 이에 대해 범여권은 악담을 퍼부었다. '정치 초보의 조바심 이상도 이하도 아니다' '명

분도 당위성도 없다' '곡기를 끊지 말고 정치를 끊어라' '생떼다' 따위 인면수심의 저주였다. 그러나 그의 단식은 국민의 염원과 결의를 강하게 집결하고 있다. 날이 거듭될수록 안타깝고 근심스러운데 더욱이 기온이 영하로 떨어지고 찬바람이 가혹하게 몰아치는 밤에는 비장한 심경이 되지 않을 수 없다. 그와 함께 그에 대한 이런저런 불만은 잊혔다.

토요일에 황 대표의 단식 현장을 찾았는데 수많은 시민이 그에게 눈빛의 격려라도 보내고 싶어서 가까이 가고 싶어 했지만 그곳 부근은 모든 통로가 차단되어 있었다. 해 질 무렵에는 광화문에서 집회를 끝낸 수만 인파가 청와대로 행진했으나 경찰에 막혀서 그에게 접근하지 못했다. 나중에 체력 저하로 차가운 땅바닥에 미동도 않고 누워 있는 모습을 유튜브를 통해 볼 수 있었을 뿐이다. 그 모습을 보며 불길한 생각이 들지 않을 수는 없었다.

이 정권은 황 대표가 밤에 잠시 휴식도 못 하도록 그가 단식하는 바로 옆에서 밤새도록 요란하게 굴착기로 공사를 벌여 소음과 진동, 먼지로 괴롭히고, 밤에 비바람을 막아 줄 일회용 비닐 텐트도 '구조물'이라고 못 치게 했다. 24일 밤에는 경찰이 황 대표의 침낭을 탈취하려 하기까지 했다. 황 대표가 찬 바닥에서 죽기를 기다리는 것인가?

이제부터 많은 시민이 황 대표를 에워싸고 하루 2교대로 릴레이 단식을 하면 청와대 안의 농맹아인도 깨닫는 바가 있을까? 주사파가 나라를 공중 납치하지 못하도록 온 국민이 연좌해서 붙잡아야 하지 않겠는가? 2019/11/26

독 묻은 칼을
수습할 자

『햄릿』
셰익스피어

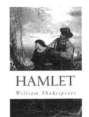

「햄」릿」에서 자기 친형인 햄릿의 아버지를 암살하고 왕위를 찬탈한 클로디어스는 햄릿을 해외에 보내서 죽이려다가 실패하자 레어티스와 결투를 하도록 기획한다. 검술이 뛰어난 레어티스의 칼에 독까지 바르고 햄릿에게 내리는 술잔에 독을 푼다. 햄릿은 레어티스의 칼에 가볍게 베이고 두 사람은 칼을 떨어뜨렸다가 상대방의 칼을 집어 들고 결투를 계속한다. 햄릿은 레어티스에게 깊은 상처를 가해서 승리하는데 햄릿 술잔의 술을 마신 어머니 거트루드가 독이 몸에 퍼져 쓰러지면서 햄릿에게 그 술에 독이 들었다고 경고하고, 레어티스는 죽어가면서 햄릿도 칼에 바른 독 때문에 곧 죽을 것이라고 한다. 햄릿은 죽기 전에 독 묻은 칼로 클로디어스를 찔러서 응징한다.

작년 울산시장 선거에서 자유한국당의 김기현 후보를 기획수사로 낙선시켰다는 혐의를 받는 청와대 백원우 민정비서관 휘하의 'A' 수사관이 숨진 채 발견되었다. 경찰은 '자살'로 보고 있으나 많은 국민은 '글쎄?' 하는 표정이다. 그가 자살을 했든, 아니면 요즘 유행하는 표현대로 자살을 '당했'든, 청와대 때문에 죽은 것은 명백하다. 국민은 이미 상당 기간 조국이 '자살을 당하지' 않을까 걱정하며 그가 빨리 구속 기소되어서 신변의 안전을 확보하길 바라고 있다. 그렇다면 이 정부는 사람이 근처에만 가도 독 기운에 죽고 시드는 맹독성 칼이 아닌가?

이 정권 출범 직후부터 정권의 맹렬한 칼부림에 별반 지탄을 받지도 않던 전 정권 인사들의 목이 우수수 떨어지는 것을 국민은 겁에 질려 바라보았다. '소주성'이라는 독소 가득한 경제정책은 나라 경제를 무너뜨려 가계를 파탄시키고 청년 일자리를 파괴해서 청년들을 복지에 목매달게 한다. 국가 경제의 엔진인 기업을 억누르고 옥죄어서 가동이 멈출 지경에 이르렀다. 국민에게서 세금을 착취해 좌파 100년 집권을 위한 매표에 통 크게 풀어서 국고를 고갈시킨다.

이 정부에서 인사는 무능·무자격자 선발대회로 전락했다. 무능한 '낙하산 인사'들은 그들이 꿰찬 부서를 과거 '운동 경력'에 대한 포상으로 내려진 잔칫상으로 간주하고 마음껏 포식하고 있다. 적과 우방을 혼동한 외교로 나라를 국제적으로 고립시키고, 평화를 증진한다면서 국방을 파괴해서 5천만 국민의 생명을 김정은에게 인질로 제공했다.

청와대가 개입한 선거는 울산만이 아니라는 추측이 힘을 얻고 있다. 청와대는 한 건 한 건 밝혀질 때마다 무고한 생명으로 진실을 가릴 것인가. 이 독 묻은 검을 빨리 주인이 거두도록 해야 할텐데…. 2019/12/3

책을 가려 읽을 줄 아는
지도자

『정권의 품에 안긴 노영방송 MBC』
김장겸

어론노조가 장악한 MBC에서 일어난 기괴한 사건들과 자신이 축출당한 과정을 담담하게 술회한 김장겸 전 MBC 사장의 회고록을 보면, 김 전 사장은 노조에서 여성 기자와 PD를 임신 중에 야근시켰다는 죄목으로 고발당해 고용노동부에 불려가 조사를 받는다. 아마도 기자와 PD 본인들이 일 욕심 때문에 임신 사실을 감춘 데서 비롯된 일로서 그들의 직속상관도 아닌 사장이 알 도리가 없는 일이었다. 그런데 노조원들은 여직원들의 출산일부터 역산해서, 아무개가 야근한 몇 월 며칠에 임신 중이었으므로 '부당노동행위'라고 사장을 고발한 것이었다.

　이 정부가 그들의 빛나는 업적으로 자부하는 '산업안전보건법' 기타 경제 관련 법령 285개에는 형사처벌 항목이 2,657개나 되는데 그중 2,205개는 위반한 직원뿐 아니라 법인과 대표이사가 함께 처벌받게 되어 있다고 한다. 직장 내 괴롭힘 금지법처럼 가해자에 대한 처벌 규정이 없고 사업주만 처벌받게 되어 있는 법도 있다고 한다. 그런데 울산시장 선거 개입 등 요즘 폭발하고 있는 사건들은 분명 청와대가 지시, 감찰한 사건이고 그 성격이나 중대성에 비추어 대통령이 몰랐을 수가 없다. 설령 백만의 하나, 몰랐다 하더라도 나라의 근간을 흔드는 그런 극단적 국기 문란, 헌정 파괴가 청와대발發로 일어났다면 대통령이 국민 앞에 백배 사죄하고 단죄를 청해야 한다. 이승만 대통령이 4·19 직후에 하야한 것은 자기가 임명한 관리의 발포명령을 책임지기 위해서였다.

사죄를 하는 대신, 문재인 대통령은 연가를 내서 긴 주말을 쉬고 온 후, 책을 읽었다며 국민에게도 그 책들을 읽으라고 권했다. 문 대통령이 추천한 책 세 권 속에는 박왕자 씨 총격 사망 사건은 개인 차원 사건일 뿐이라든가, 통일이 어려우면 남북이 정분이 나서 불륜을 저지르면 된다는 따위의, 대한민국과 국민을 모독하는 허접한 말이 넘친다고 한다.

새삼 말할 필요도 없이 책의 혜택은 무한하다. 그래서 왕왕 사람들은 책을 신성시하고 책에 담겨 있기만 하면 모두 절대 진리로 간주하기도 한다. 그러나 봇물처럼 터져 나오는 무수한 책 중에는 유해한 책도 많다. 문 대통령이 좋아하는 책들이 유독 대한민국의 기본 이념을 부정하고 존엄성을 훼손하는 책인 것은 나라와 국민의 불행이다.

저서 『미국의 봉쇄전략』이 최근에 우리나라에 번역 출간된 존 루이 개디스는 뉴욕타임스 인터뷰에서 미국 대통령에게 일독을 권할 책을 물으니 기원전 5세기 투키디데스의 『펠로폰네소스 전쟁사』를 들었다. 문 대통령은 현대의 국가 경영자라면 숙지해야 할 '투키디데스의 함정'을 아는가? 2019/12/10

신생아도
1,400만 원 채무자 되는 나라

『매천야록』

황현 저술 허경진 譯編

4 + 1 이라는, 예산안을 심사할 법적 근거가 없는 괴이한 범여권 정당들의 '협의체'가 내년도 예산안을 예결위도 안 거치고 회의록 등 아무런 자료도 남기지 않고 국회에서 기습 통과시켰다. 더불어민주당은 작년보다 9% 증액된 512조 원이나 되는 예산안을 자유한국당과 심의하는 척하다가 비례대표 할당 증가를 미끼로 군소 정당들을 꼬드겨 통과시켰다. 이 과정에서 약삭빠른 모리배들은 자기들 지역구 예산을 수십억, 수백억씩 날치기 증액했다.

국민은 무자비한 세금 때문에 등골이 휘는데 집권당과 불량한 '선량'들은 국민의 골수骨髓를 뿌려서 표를 사들인다. 올 10월로 누적 재정적자가 45조 5,000억 원인데 선심성 복지의 비중이 큰 보건·복지·고용 예산이 무려 180조 원이다. 정부 안에도 없었고, 개정법률안이 국회를 통과하지도 않아서 내년 예산에 반영될 수 없는데 끼어들어간 '소재부품장비경쟁력강화특별회계' 2조 원을 비롯해서 기초연금 증액분, 장애인연금 증액분 등 법적 근거가 없이 내년 예산에 반영된 예산이 4조원에 육박한다고 한다. 북한인권기금은 반으로 줄고 경협기금은 대폭 늘었다. 이렇게 무절제한 지출로 국고가 고갈되고 나랏빚은 800조 원이나 될 전망이다. 국민 1인당 채무 부담이 약 1,400만 원이 된다는 말이다. 구한말 나라 패망 전 상황과 너무나 같다.

매천梅泉 황현黃玹은 과거에 두 번이나 급제하고도 벼슬을 하지 않았지만 한·일 합방이 반포된 날 밤 '글 아는 사람 노릇'을 하고자 자결했다. 그는 대원군의 독재를 미워했으나 고종의 치세에서는 사사로운 낭비로 국고가 탕진되는 것을 통탄한다. '원자가 탄생하면서 궁중에서는 복을 비는 제사를 많이 벌였는데, 팔도 명산을 두루 돌아다니며 지냈다. 임금도 마음대로 잔치를 베풀었으며, 하사한 상도 헤아릴 수 없었다. 임금과 중전이 하루에 천금씩 썼으니 내수사內需司의 재정으로는 감당할 수가 없었다. 결국 호조나 선혜청에서 공금을 빌려 썼는데, 재정을 맡은 신하 가운데 그것이 잘못되었다고 따지는 자가 한 명도 없었다. 그리하여 운현(대원군)이 십 년간 모은 것을 일 년도 안 되어 모두 탕진했다. 이때부터 벼슬을 팔고 과거科擧를 파는 나쁜 정치가 잇달아 생겨났다.'

어쩌면 이토록 오늘의 상황과 꼭 같을까? 그래도 국민은 그때보다 많이 배웠는데, 정녕 온 국민이 사악하고 몽매한 정권과 함께 멸망의 나락으로 떨어질 수밖에 없는 것인가? 2019/12/17

'인권' 챔피언 자처하는
전교조의 인권 말살 행위

『제인 에어』
샬럿 브론테

서울시와 시도교육청 몇 곳의 '학생인권조례'를 보면 좌파 교육감들이 학생들을 갓난아이인 양 포대기로 둥개둥개 감싸는 형국이다. '교육감, 학교의 장 및 교직원은… (교내의) 모든 물리적 언어적 폭력을 방지해야' 하고 학생은 개성을 실현할 권리가 있고, 사생활의 자유를 누려야 하며, 양심·종교 및 의사 표현의 자유, 집회의 자유를 누려야 하고 권리 침해로부터 보호 받을 권리가 있다. 성 소수자 등도 그 특성에 따라 권리를 보호 받을 수 있다.

한편 중학교 교과서는 10가지 피임법과 여러 가지 성행위 방법 등 '아이 넷 가진 어른도 모르는 낯 뜨거운 내용'(한 학부모 소견)을 알려준다. 그리고 동성애자의 권리는 강조하면서 에이즈 감염 등 동성애 행위의 위험에 대해서는 침묵한다. 한 네티즌은 이 상황을 '아동 학대'라고 규정했다.

그래서 세심하기 그지없는 이 인권 조례는 감동을 주기보다 너무 호들갑스러워 낯간지럽고 학생들의 일탈을 부추기는 문서

같이 느껴진다. 학생들을 교권의 희생양인 양 싸고돌아서 (전교조 아닌) 일반 교사들이 학생을 훈육할 수 없게 만들려는 저의가 엿보이는 듯하다. 게다가 인헌고 등 사례를 보면 학생 인권 조례는 홍보용일 뿐 실제로는 학생 인권은 처절하게 짓밟히고 있다.

인헌고는 서울 소재 고교인데도 서울시 학생인권조례 적용 면제 지역일까? 모든 자유와 권리를 박탈당하다 못해 교사들의 전횡을 고발한 최인호 군과 김화랑 군 중 최 군은 교사들의 강요로 학생들이 반일 구호를 외치던 영상을 공개했다고 해서 (학생들의 얼굴은 모두 모자이크 처리해서 알아볼 수 없도록 했는데도) 급우들의 명예를 훼손한 학교 폭력범으로 징계를 받게 되었고, 김 군은 학생들의 기자회견장에서 카메라를 피해서 도망가는 교감 선생을 따라가며 질문했다고 해서 퇴학당할 위기에 빠져 있는데, 퇴학을 당하면 김 군의 대학 합격이 취소된다고 한다.

학생을 상전으로 받들어 모시는 척하면서 학생들에게 좌파 이념을 강제로 주입하다가 고분고분 받아들이지 않는 학생은 망신 주기, 바보 만들기, 따돌림, 심지어 징계와 퇴학이라는 수단까지 동원해서 박해를 서슴지 않는 일부 인헌고 교사는 『제인 에어』의 자선 학교 교장 브로클허스트를 연상시킨다. 독지가의 성금으로 운영하는 로우드 스쿨의 학생들이 잘 먹고 몸이 따듯하면 영혼이 타락하게 된다며 먹을 수 없는 음식을 먹이고 불기 없는 방에서 재우는 냉혹한 위선자. 서울시교육청은 인헌고 학생들을 학생인권조례로 보호하고 교사들을 교육법 위반으로 처벌해야 한다. 2019/12/24

이 메뚜기 떼를
물리쳐야

『대지』(大地)
펄 벅

○퇴 이후에 지하철을 자주 이용하고 있는데 여러 해 동안
정차 역 안내 영어 방송은 역 이름의 첫 음절에 약간 강
세가 들어가서 대체로 자연스럽게 들렸다. 그런데 요즘 와서 역
이름을 아주 이상하게 발음하는 안내 방송을 적잖게 듣는다. 두
자 이름 역을 둘째 음절에 힘을 주어서 매우 어색하고, 세 자 이
름 역은 셋째 음절을 이상하게 강조해서 두 단어 합성어같이 들
리기도 한다. 게다가 같은 역도 노선과 호차에 따라 다르게 발
음하기도 하는 것 같다. 원래 무난했던 것을 억지스럽게, 또 여러
가지로 고친 이유가 무엇일까? 내 추측은 새로운 관급 용역을
만들고, 그걸 또 여러 사람에게 배분하기 위해서가 아닌가 싶다.

아마도 역대 정권에서도 없지 않았던 일이겠지만 이 정부 들
어서는 관급 용역 중에 '연줄' 수급 아닌 것이 드물 정도라고 한
다. 유재수 뇌물 수수나 우리들병원 대출 등 '윗물'의 비리를 보
면 아랫물이 어떨지 짐작할 만하지 않은가.

문재인 대통령은 취임 직후 「판도라」라는 영화를 보고 원전

폐기를 선언했다. 그래서 잘못된 정책이지만 적어도 의도는 국민의 안전을 위해서라고 생각했는데 두고 보니 중국산 태양광 패널을 대규모로 수입해 시진핑에게 점수를 따고, 달리 구제가 어려운 과거 운동권 출신들에게 밥상을 차려주기 위해서였나 보다. 이 정책으로 나라의 산업이 붕괴 위기로 치닫고, 국토가 피폐하고 대기가 마구 오염되는데 대통령은 마음씨 고운 아저씨 배역을 고수한다. 그 외에 이 정부의 모든 경제정책이 처참한 실패로 국민의 삶을 도탄에 빠뜨리는데 그 폐단을 인정하지 않고 궤도 수정도 하지 않는다.

상대 당 후보를 범죄자로 몰고 당내 경쟁자는 포기하게 만들어서 자기가 마음에 둔 사람을 당선시키는 선거 조작으로는 성에 안 차서 '연동형 비례대표제'를 날치기로 통과시켜 국회를 통째로 장악하려 한다. 또 '공수처'라는 게슈타포 조직을 만들어서 조국 등 정권의 고위급 하수인을 면죄하겠단다. 그것을 검찰 권력이 너무 막강해서 조정하는 '검찰 개혁'이라니, 이 정부 이전에 막강한 검찰 권력으로부터 보호할 대상이 고위층인 적이 있었나?

저무는 기해년 하늘을 보니 이 폭식성 정권의 메뚜기 떼가 하늘을 까맣게 덮으며 밀려온다. 펄 벅의 『대지』에서 왕룽은 천지를 뒤덮고 몰려오는 메뚜기 떼에 맞서 동네 농부들과 7일 동안 죽을힘을 다해 도리깨로 내리치며 사투를 벌여서 논의 일부를 건진다. 우리도 우리 논밭을 이 무서운 메뚜기 떼로부터 구하기 위한 사투를 마다할 수 없지 않은가? 2019/12/31

모진 겨울을 이기고
매화를 만날 수 있을까

『백설이 잦아진 골에』
牧隱 이색

새 해 업무 첫날이 밝자마자 추미애의 법무장관 임명을 강행한 대통령은 '권력기관이 국민 신뢰를 받을 수 있을 때까지 법적·제도적 개혁을 멈추지 않겠다'며, 이를 위해 자신은 '대통령의 헌법에 따른 권한을 다 하겠다'고 선언했다. 앞의 말은 완전 반어법 구사 연습 같아서 해석이 필요하지만 사실 우리 국민 중에 해석 못 하는 사람은 없을 것이다. '권력기관이 국민 신뢰를 받을 수 있을 때까지' 개혁을 하겠다함은 검찰이 완전 허수아비가 될 때까지 패고 조이고 목 자르겠다는 말이 아니겠는가?

'대통령의 헌법적 권한을 다 하겠다'는 말은 앞으로도 계속 청문 보고서 없는(즉 국회가 부적임자라고 판정한) 인사를 국무위원으로 임명하고, 목숨 걸고 자유를 찾아 남하한 북한 주민을 흉악범으로 몰아 북한으로 돌려보내 잔인하게 사형 당하게 하고, '연동형 비례대표제'와 '공수처법' 등의 편법 통과와 '법원 조직법' 개정을 통해 삼권분립을 무너뜨려 삼권을 모두 장악하겠다는 말이다. 그런데 과연 대통령에게 이런 짓을 허용한 헌법 조항이 있단 말인가? 이런 행위들은 오히려 헌법이 대통령의 재임 중에도 기소 이유가 된다고 한 내란·외환죄에 해당하는 것 아닌가?

그러고 보니 문 대통령이 자신의 '헌법적 권리'라고 행하는 것은 대부분 위헌적 월권이다. 안보를 허물어 나라와 국민을 북한의 공격에 무방비로 노출시키고, 잘못된 경제 정책과 기업 옥죄기로 국가 경제를 병들게 해서 국민의 생계를 빼앗고, 자사고 폐지 등 사악한 교육 정책으로 다음 세대를 무식, 무능력한 세대로 만들고, 동맹국에는 적대감을 배양하고 위협적인 대국에는 굴욕 외교로 경멸을 자초한다. 버닝썬 수사 지시 등 대통령이 개입하지 말아야 할 사안에는 개입하고 인헌고 사태 등 대통령이 개입해야 할 사안은 냉혹하게 외면한다.

도대체 대통령이 자신의 권한을 언급하고 주장한다는 것이 얼마나 치사하고 부끄러운 일인가? 그런데 그 권한이 터무니없는 월권, 정상적 대통령이라면 생각해서는 안 되는 권리이니 국민은 계속 휴일을 반납하고 국민 저항권을 발동하느라 고난이 막심하다.

올해를 어떻게 넘기느냐에 대한민국의 존망이 달렸는데, 하늘에는 도무지 서기瑞氣가 비치지 않고 먹구름만 가득하다. 고려 말에 목은 이색 선생은 왕조의 황혼을 이렇게 한탄했다.

백설이 잦아진 골에 구름이 머흐레라

반가운 매화는 어느 곳에 피었는고

석양에 홀로 서서 갈 곳 몰라 하노라.

우리도 이 모진 겨울을 이기고 매화를 만날 수 있을까? 2020/1/7

죽음의 키스를
사양 못한 사람들

『선조 조선의 난세를 넘다』
이한우

조윤선 전 문화부 장관은 머리도 좋고 얼굴도 예쁘고 출세도 한 행운아 정도로 여겼다. 그런데 '적폐 청산' 칼바람이 부니 조 장관이 몹시 측은하고 아까웠다. 법조 출신이라서 문화계를 잘 알지도 못할 텐데 '블랙리스트' 작성을 주도했을 수가 있겠는가? 그저 대한민국을 비방하고 비하하는 행위를 국가가 지원해선 안 된다는 정부 시책을 집행한 것 아니겠는가? 유능해서 인사권자 눈에 띈 것이 조 장관의 불운이었고 아까운 인재의 국가적 손실이었다.

지난주 '수요일의 대학살' 와중에 새로이 요직에 발탁된 검사들은 승진이나 영전 통지를 받고 그들의 임명권자에게 '각하, 이 쓴잔을 면하게 해 주옵소서' 하고 애원해야 했는데 희희낙락하며 '성은이 망극하옵니다'를 외친 모양이다. 필사적으로 해외 도피라도 해서 그 위험천만한, '주군'의 뜻을 받들면 국가를 훼손하고 국민을 배반하고 하늘의 섭리를 거역하는 것인 자리를 피해야 했는데. 찰나의 영화를 위해 검사의 명예에 먹칠을 하면서 인사권자를 위한 인간 방패가 되려는가? 그러면 조윤선 장관의 과오와는 비교도 할 수 없는 반역 행위인데….

추미애 법무부 장관으로 말할 것 같으면 불과 며칠 사이에 수천 길 자기 무덤을 팠다. 그는 윤석열 총장의 수사진에 대한 대학살을 예고하고선 윤 총장에게 인사안도 주지 않고 '의견'을 제출하라고 '명령'했다 한다. 백지신탁 의견서를 내라고? 제출해도 아무도 거들떠보지 않을 '의견'을 즉각 내지 않았으니 '거역'이고 '항명'이라서 '징계'를 안 할 수 없단다. 윤 총장에게 인사위원회 개시 직전에 요식 행위 번개팅을 하자고 호출했다가 윤 총장이 의미 없는 소환에 응하지 않으니 살 떨리게 분했는가? 윤 총장이 자기 명령을 '거역했다'고 선언하면 지금 국민적 영웅으로 부상하는 윤 총장의 머리 꼭대기에 올라선 느낌이 드는가? 이제 그 대학살의 여세를 몰아 검찰 조직을 융단 폭격해서 핵심 기능을 죽이고 이질적 외부 인사를 끌어들여 조직의 기능을 마비시키려 한다. 취임하자마자 3보 1배로 삼천리를 돌아도 용서받지 못할 죄를 짓다니.

조선 선조 때에 정여립 모반 사건으로 기축옥사己丑獄事가 일어났을 때 서인이었던 송강松江 정철은 우의정으로 국문을 총괄했는데, 모진 고문으로 수많은 동인東人이 매일 처참하게 죽어나갔다. 그 직후에 유배를 당했던 정철은 지방관이었을 때, 그리고 유배지에서 『사미인곡』, 『속미인곡』 등 주옥같은 작품을 썼는데 우의정을 하는 대신 유배를 갔다면 나라와 자신을 위해 얼마나 좋았을까? 2020/1/14

공포가
무지를 이끌고 가는 나라

『테헤란에서 롤리타를 읽다』
아자르 나피시

천연색이던 테헤란 거리를 일시에 암흑으로 만든 이란의 1979년 혁명 이후 이란 내부가 어땠는지 무척 궁금했는데, 전 테헤란대학 교수 아자르 나피시의 『테헤란에서 '롤리타'를 읽다』가 어느 정도 해답을 주었다.

시각장애인이 영화 검열관에 임명되는 것 같은, 팔레비 시절의 부패와는 비교할 수도 없는 부조리가 다반사가 된다. 호메이니 혁명을 지지했던 여성 지식인도 많았으나 여성의 히잡 착용 의무화와 여성의 결혼 연령이 9세로 낮춰지는 것을 막지 못했다. 여학생들은 불시에 소지품 검사, 몸수색을 당한다. 발레와 여성의 가창은 금지되고 매니큐어를 바른 여성은 적발되면 태형을 받는다. 절도범은 손이나 다리를 자르는 법안이 논의되며 범죄인의 공개재판은 인권침해이므로 즉각 사형이 훨씬 인도적이라는 주장도 제기된다. '도덕 수비대'에게는 국민의 사생활 공간 침범이 권리이자 의무다. 이교도는 교육과 일자리에서 철저히 배제되고 묘지도 갈아엎어서 묻힐 곳도 없다. 다수의 고위층은 홍콩 등지에 호화주택이 있고 해외에 나가면 반이슬람적 향락을 구가한다.

'종교'라는 허울을 썼지만 이란 혁명은 레닌에서 스탈린으로 이어지는 소련의 볼셰비키 혁명이나 히틀러의 제3공화국, 북한 정권의 행태와 오늘날 한국 좌파 정권의 영구집권 토대 다지기 작업과 너무나 흡사하다. 애초엔 부패와 특권에 대한 반감이 혁명의 동력인데, 정권을 장악한 후에는 전 정부는 꿈도 못 꾸었던 부패와 특권이 횡행한다. 처음 혁명을 주도한 이상주의자들은 증오에 눈이 먼 과격분자에 의해 제거된다. 법률은 국민을 보호하는 장치가 아니고 옭아매고 수탈하는 도구다.

지금 한국에서 진행되고 있는 검찰 길들이기, 요직에 자격 불문 내 편 심기, 국민연금의 스튜어드십이니 사외이사 임기제 등으로 기업 옥죄고 장악하기, '평등' 교육으로 국민의 지력 저하하기, 국민을 공짜 복지와 허술한 일자리로 인질 삼기, 재판에 압력 행사 등은 모두 전체주의로의 이행 과정이다. 그런데 왜 '대깨문'은 국민의 자유와 인간 존엄성을 파괴하는 정권에 죽자사자 매달리는 것일까? 작가 공지영의 '문프께 모든 권리를 양도했다'는 발언이 이 불가사의한 현상을 설명해 준다.

'대깨문'들은 자기가 '절대 선'이라고 한번 지정한 인물의 지시만 따르면 자기는 정의의 투사가 된다고 믿는 사람들이다. 자기들의 사고력과 판단력을 전적으로 '문프'에게 이양한 좀비들? 히틀러 유겐트나 문화혁명의 홍위병 후계자들이다. 이런 군단을 거느린 '지도자'는 끝내는 국민의 피를 흘린다. 그런 '지도자'가 평화롭게 배웅 받는 뒷모습을 보여준 일은 결코 없다. 2020/1/21

이 정권은
왕족인가

『논어』 13편 자로 3장
공자

중학교 1학년 때 우리들의 수업 태도가 불량하니까 국어 선생님이 꾸중을 하셨다. "영국의 찰스 왕자나 앤 공주는 너희보다 어린데 공식 행사에서 몇 시간이고 미동도 안 하고 앉아있단다"라고. 그 말을 듣고 나는 부끄러웠고, 찰스나 앤은 진짜 왕자, 공주라고 생각했다.

그 후 찰스와 앤이 어른이 되어서 이런저런 말썽을 부릴 때 나는 그것이 그들의 몰수당한 유년기와 사춘기 때문이라고 생각했다. 그리고 왕자나 공주로 태어나는 것은 저주일 수 있겠다 싶었다. 한편 평생 한 번의 일탈도 없이 여왕의 품위를 지켜 온 엘리자베스 여왕은 자녀와 그 배우자들의 지각없는 행동이 얼마나 안타깝고 노여울까.

불과 열세 살 때 어머니를 참혹한 사고로 잃은 해리 왕손이 흑인 혼혈 미국인 아내 메건에 대한 영국민의 과도한 편견과 비난을 견딜 수 없어 왕족 역할을 파트타임으로(!) 수행하게 해달라고 요청했다가 할머니 여왕에게서 냉엄한 거절을 당했다. 이제 왕족으로서의 생활비 지원도 끊길 모양이니 구직도 어려운 해리는 어찌 살아갈까?

사실 영국의 왕실 유지는 국가 재정에 막대한 부담이지만 왕족들의 활용도가 커서 크게 남는 장사다. 찰스 왕세자는 400개 이상의 인권, 의료, 빈곤, 기후, 환경 등 자선단체와 공익단체의 장으로 2017년에는 546회 공식 행사를 개최했다고 하고 연 1억 파운드 이상을 모금한다고 한다. 왕족은 최고의 친선대사이기도 하다. 그래도 왕족들은 국민의 도를 넘는 호기심과 까다로운 기대, 가혹한 비난에 시달린다.

그런데 자기 의사와 무관하게 태생 탓에 불가피한 임무를 맡은 왕족도 아니고, 자청해서, 시켜만 주면 국가와 국민을 위해 분골쇄신하겠다고 맹세하고 애걸해서 자리를 차지하고는 맡은 자리가 요구하는 일은 하나도 안 하고 하지 말아야 할 짓만 하는 사람이 있다. 나라 경제를 붕괴시키고, 교육을 파괴하고, 안보를 허물고, 마구잡이 복지로 나라의 미래를 박탈한다. 법 아닌 법을 제조해서 '합법적으로' 나라를 파괴해 나간다. 영화 「기생충」에 나오는 침입자들처럼 견고한 나라에 거머리처럼 파고들어가 주민의 생명과 재산을 잠식하는 것이다. 그러고는 자기 하수인의 범죄를 은폐하려고 범죄 은닉 결사대를 풀어놓았다. '부패방지부장'은 부패 엄호가 전공이고 공직기강비서관은 공직 기강 파괴가 특기인가 보다.

공자는 제후에게 초대되어 정치를 맡게 된다면 무엇을 맨 먼저 하겠냐는 제자의 질문에 이렇게 대답했다. '(이름과 실제의 괴리가 없도록) 반드시 이름을 바로잡겠다.' 2020/1/28

전염병 같이 앓는 게
우방국 도리 아니다

『영국사회사』
G. M. 트리벨리언

14~17세기까지 세계의 여러 곳을 무자비하게 강타했던 흑사병은 1347~1351년 사이에만 유럽 인구의 3분의 1 이상을 앗아갔다고 한다. 『영국사회사』를 보면 이 참혹한 비극은 역설적으로 민주주의와 인권 발전의 중요한 출발점이 되었다. 중세의 서민은 대부분 농노로서 한 뼘 땅을 경작하기 위해서 영주에게 일주일에 사흘간 노역을 제공해야 했는데 인구가 줄어서 땅을 경작할 사람이 크게 부족해지자 몸값이 높아져서, 합의한 지대地代를 내면 그만인 임대 경작자가 되었고 계약도 안정적인 종신 내지 장기 계약이 보편화되었다. 기회를 잘 포착해서 자영농으로 부상하는 농노도 많았고 잉여 경작지에 양을 방목해서 영국이 유럽 굴지의 양모 생산·수출국이 되었다.

제1차 세계대전 전까지는 전 세계를 통틀어 전쟁에서 죽은 군인보다 역병으로 죽은 군인이 많아서 전쟁의 승패가 병력이나 무기, 전술보다 역병에 의해 결정되는 경우가 많았다고 한다. 15~16세기 유럽인 정복자들은 남미와 북미의 원주민들에게 홍역과 천연두를 전파해서 항체가 전혀 없었던 원주민 인구를 10분의 1, 심지어 100분의 1로 초토화하고, 그 대신 얻어 온 매독은 16~17세기 유럽 상류사회의 피할 수 없는 동반자였다.

의학의 발달은 인류를 결핵이나 홍역, 나병, 콜레라 등 공포의 질병들에서 구했지만 20세기 후반에도 에이즈, 에볼라 등 공포의 괴질이 인류의 의학적 자만을 비웃었다. 21세기에 들어서도 사스와 메르스의 기습으로 인류가 허둥거렸는데 번번이 호되게 당하면서도 한국과 중국 등은 국가적인 전염병 대처 시스템을 제대로 수립하지 않았다는 것이 놀랍고 한심하다.

공포의 전염병은 피해도 엄청나지만 새로운 역사의 전기를 제공하기도 한다. 우리나라는 하루빨리 감염 경로별로 전염성 질환의 대처 매뉴얼을 만들고 분야별로 동원할 의료진 명단도 작성해서 매년 보완해야 한다. 또한 중국과의 관계도 반드시 바로잡아야 한다. 품귀를 초래해서 국민이 마스크를 구할 수 없을 정도로 수백만 장의 마스크를 지원금과 함께 중국에 헌납했는데 텅 빈 우한 공항에 우리 국민 수송용 비행기가 내리고 뜨는 것을 중국이 허락하지 않아 집결한 한국민들을 공포에 떨며 무작정 기다리게 하다니. 이런 방자함도 '소국'을 자처하며 참아야 하는가?

보복과 다른 차원에서 정부는 하루 2만 명이라는 중국인의 입국을 단호히 차단해야 한다. 전염병도 온 국민이 같이 앓아주는 것이 우방국의 도리는 아니다. 2020/2/4

황운하의
'밥값'

『**부끄러움을 가르칩니다**』
박완서

추미애 법무부 장관이 한사코 감추려 한 울산시장 선거 개입 관련 청와대 13인의 공소장이 언론의 노력으로 공개되었다. 공소장을 보면 2017년 말 황운하 당시 울산경찰청장이 수하의 정보 경찰들에게 김기현 당시 울산시장 비리 캐내기가 부진하다고 '밥값을 못 한다'고 질책하고 첩보를 제대로 수집하라는 지시를 내렸다고 한다. 요즘의 경찰 봉급에 '값 하는' 네거티브 첩보의 양과 질은 어떤 것일까? 그리고 그 봉급은 국가가, 황운하가 수하 경찰들에게 범죄 지령을 내릴 수 있도록 지급하는 것이었을까?

이 정부 인사들의 언어는 어쩌면 이렇게 하나같이 국민 기만이고 모독일까. 한 공직자를 몰락시키고 민주 질서를 교란하기 위해 비리를 캐내는, 또는 만들어내는 것이 경찰의 '밥값' 하기라니. '밥값'이라는 고귀한 우리말에 대한 용서 못 할 모욕이다. 나아가 필사적으로 '밥값'을 해서 우리나라를 일으켜 세운 대다수 국민과 간절히 '밥값'을 하고 싶었지만 할 여건이 안 되어서 절통했던 국민에 대한 조롱이다.

이 파렴치한 선거 조작의 주인공인 송철호 현 울산시장은 조사받으러 검찰에 출두하면서 '진리가 너희를 자유케하리라'는 예수님 말씀을 생각하면서 출두한다고 말했다. 참으로 천벌을 받을 불경한 말인데, 이 사건의 진실은 송철호를 매우 부자유하게 할 것이다.

이 희대의 헌법·민주주의 파괴, 국민 우롱 사건을 청와대 비서실장으로서 총괄했던 임종석은 얼마 전 검찰에 출두하면서 검찰 수사가 '기획 수사'라고 항변했다. 그러면서 자기 혐의를 입증 못 하면 검찰이 책임질 거냐고 을렀다. 입증되면 자기는 어떻게 책임지겠다는 말은 없었다. 아이들 내기라도 한쪽 편 책임만 규정하지는 않는다.

이 정부를 지키는 결사대로 투입돼 검찰을 도륙한 추미애 법무장관은 자기가 야당 시절에 공격·비난했던 여당의 행위를 고스란히, 한층 더 뻔뻔하게 하고 있다. 이 정부는 파렴치범들을 어디서 이렇게 많이 끌어들였을까? 문재인 대통령은 연두 기자 회견에서 퇴임 후에 '잊히고 싶다'고 말했는데 헛된 소망이다. 그의 전횡과 실정이 끝없이 풀려 나올 테니.

고故 박완서 선생의 단편 『부끄러움을 가르칩니다』의 주인공은 남편과 친구 등 모든 주위 사람의 뻔뻔함에 몸서리를 치는데, 학원가를 지나다가 온갖 종류의 교습소 간판을 보면서 저 많은 학원 중에 왜 부끄러움을 가르치는 학원은 없을까 하는 의문이 든다. 앞으로 모든 공직자 후보는 부끄러움 과목 이수 증명서를 제출하도록 하면 어떨까? 2020/2/11

추미애의 다음 스텝은…
왈츠, 태권도 3단 옆차기, 아니면 헛발질?

『개구리야 그런 목소리를…』
잇사

문재인 정권이 검찰을 초토화해서 조국과 청와대를 보호할 특공대(?)로 추미애 법무부 장관을 뽑았더니 추미애는 즉시 청와대 앞에 붙은 불 위에 몸을 굴려서 진화하며 불길이 문 정부 요인들에게 닿지 않게 하려고 사투하고 있다. 자기가 보호하는 대상이 섬길 가치가 있는지, 그들을 결사 옹호하는 말과 행위가 자신의 인격이나 명예 또는 정치적 생명에 끼칠 영향이 무엇일지 전혀 가늠 못 하는 사춘기 여학생 같아서 딱하다. 남자 같았으면, 개인적 손익 계산을 재빨리 해서 지탄받는 일은 가급적 시늉으로 때우려 했을 것 같은데.

검사의 수사권과 공소권을 분리하다니, 수사하는 검사는 심문 기술자에 지나지 않는다는 말인가? 공소를 결정하는 검사는 피의자와 접촉 없이 수사 기록만 보고 글에는 드러나기 어려운 사람에 대한 '감感'이나 심증을 포착할 수 있다는 말인가? 있다 해도 왜 그런 인력 낭비를 하는가? 또 그 경우 수사 검사와 공소 결정 검사 간의 서열은 어찌 되는가?

추미애는 일본에서는 그렇게 한다고 주장했는데, 일본 검찰의 관련 제도는 동일한 것이 아니거니와 일본 제도라면 이점이 없어도 본받아야 하는가? 또 추미애는 검사들에게 검사 동일체라는 것이 이제 무너졌으니 검찰총장의 명령을 받을 필요가 없다고 했다고 한다. 검사 동일체는 법무장관이 무너졌다고 선언하면 무너지는 것인가? 나아가 상명하복 문화도 깨야 하니 검찰총장은 건너뛰어도 좋다고 했다니, 그는 법무부 차관이나 차관이 자기를 건너뛰어 대통령과 직거래하면 개혁 마인드를 갖춘 훌륭한 공무원이라고 칭찬할 텐가?

검찰의 공소장은 공개하지 않아도 된다고, 국민의 알 권리는 나중에 충족하면 된다고 한다니, 국민의 알 권리가 유보되어도 괜찮은 기간은 얼마인가? 추미애는 애당초 정계에 진출할 때 정치 도의로 존경받는 정치인이 되어야겠다는 목표가 있었을까, 없었을까? '누구든 덤벼만 봐라' 하는 듯한 그의 자살 특공대 같은 표정을 보니 그의 초심이 무엇이었을까 매우 궁금해진다. 그는 문 정권 측에서 그 살신적殺身的 봉사 대가로 어떤 보답을 약속받았는지 모르겠는데, 이 거짓말 잘하는 정부가 그 약속을 지킬까? 아줌마가 너무 사나워서 표 떨어졌다고 오히려 볼멘소리나 들으며 팽烹 당하지 않을까?

18~19세기 일본 하이쿠의 대가 잇사一茶는 읊었다. '개구리야, 그런 목소리를 가졌다면 춤추는 것도 배울 만하겠구나.' 추미애는 이제 어떤 무도를 보여주려나? 왈츠의 낭만적 스텝은 아닐 것 같고 영춘권 보법? 태권도의 3단 옆차기? 아니면 헛발질? 2020/2/18

'쪽박조차 깨는' 정부

『논어』 태백편 2장
공자

정부는 지난 1월 20일 코로나 바이러스 사태 발생 이래 이
미지의 질환을 대수롭지 않게 취급하면서 진원지 중국
발發 여행자의 입국을 금지하라는 대한의사협회를 비롯한 각계
의 요구를 거부했다. 중국인에게 질병으로부터의 은신처를 제
공해주고 싶어서인가? 마스크를 싹쓸이해 중국에 보내서 정작
우리 국민은 마스크가 없어 무방비로 나다니게 했고, 대통령이
'중국의 어려움이 한국의 어려움이다'라고 했고 외무장관은 중
국을 지원하기 위해 한국 의료진을 파견할 수 있다는 말까지 했
다. 병원에서 하염없이 진료 순서를 기다려 본 환자는 누구나 알
다시피 한국은 의료진이 매우 부족한 나라다.

이런 식으로 국민의 어려움에 대해서 초연하던 문재인 대통
령이 총선 민심 회유 차원에서인지 서울과 온양의 전통시장에
가서 상인들에게 코로나 사태가 곧 종식될 테니 걱정하지 말고
활기차게 생업에 매진하라고 '격려'했다. 대통령이 아무런 의학
적 근거도 제시하지 않고 전 세계가 염려하는 코로나 바이러스

사태가 곧 종식될 것이라고 공언하는 것은 극도의 무책임이다. 메르스 사태 때의 환자 발생 곡선을 상기해 보면 절대로 '안심'이나 '종식'을 거론할 단계가 아닌데. 더구나 이번 코로나 바이러스는 한 번 감염될 때마다 돌연변이를 일으키기 때문에 수차례 전이된 바이러스는 성질이 달라져서 검사에서 음성으로 판정되어 통제되지 않는 감염원이 될 수 있다지 않은가. 국민을 위협하는 역질에 대한 대통령의 무관심은 국민 건강과 생명에 대한 무관심이다.

문 대통령은 2015년에는 메르스 사태를 박근혜 정부의 '낙관론이 부른 참사'라면서 '슈퍼 전파자는 다름 아닌 정부 자신이었다'라고 비난하지 않았는가? 이제 그 자신이 참사를 부른 슈퍼 전파자가 되었는데 반성하는 기색이 조금도 없다. 지난 13일에는 경제계 간담회를 소집해서 '코로나 사태는 곧 종식될 테니 경제활동을 활발히 해 달라'고 주문했다. 취임 이후 '소주성'이라는 괴질을 퍼뜨려 우리 경제계를 병들게 하고 '산업안전법' 등으로 기업에 독을 주입한 정부가 이제 총선이 다가오니 또 기업가들 돈으로 경기를 부양해서 표를 얻으려 한다. 코로나 사태로 언제 공장이 멈추게 될지 모르는 때에.

증자曾子는 효자의 도리를 '여림심연 여리박빙(如臨深淵 如履薄氷·깊은 연못가에 서 있는 듯이, 살얼음을 밟는 듯이 조심하고 두려워함)'이라고 말했다. 5천만 국민의 안위를 어깨에 메고도 늘 태평인 대통령, 5년 전 유시민이 제안했듯, '대통령은 없는 셈' 칠 수만 있어도 좋으련만…. 2020/2/25

'마스크 열 상자'에
무너지는 여심?

『총보다 강한 실』
카시아 세인트 클레어

O 가공할 코로나 사태는 생명이 걸린 문제라서 별로 우스개 소재가 되지 않는 듯하다. 드문 우스개로 나온 것이 한 영상 속 예쁜 여자가 남자에게 "그 남자는 집도 차도 있어. 너는?" 하고 물으니까 남자가 "마스크 열 상자"라고 대답하고, 여자의 저항이 속절없이 무너지는 것이었다.

지난주 수요일에 한 대형 마트에서 마스크를 사려고 3시간이나 줄 서서 기다려 겨우 산 (또는 매진되어 발길을 돌린) 대구 시민들, 그다음 날 전국 각처 우체국과 농협에서 마스크를 판다는 정부 발표를 믿고 달려갔다가 '마스크 없음' 공지를 보고 절망하고 돌아온 우리 이웃들을 생각하면 허황된 우스개만은 아니다.

마스크가 이렇게 귀중품, 생명선이 된 것은 주지하는 바와 같이 정부가 초장에 마스크를 몇 백만 장 중국에 상납했기 때문이고, 마스크는 아직도 품귀인데 정부는 또 중국에 60억 원 상당의 라텍스 장갑, 방호복, 마스크, 보호경, 분무 소독기 등을 보낸다고 한다. 현금 원조도 추가로 몇 백만 달러에 달한다 하고. 우리는 이제 세계적으로 불가촉천민이 되었고 중국에서는 우리 교민이 자기 집에도 못 들어가게 봉쇄당하는데 우리는 입국하는 중국인 검역을 자발적 통보에 의존해서 1%도 답을 못 받는단다.

문재인 정부의 이 터무니없는 굴욕 외교가 국민이 모르는 중국에 대한 정권 차원의 부채가 있어서인지 또는 시진핑의 방한이 총선 승리에 필요할 것 같아서인지, 또는 북한에 민간인 관광단을 보내는 데 중국의 협조가 필요해서인지 모르겠으나, 우리 국민의 생명을 담보로 시진핑의 환심을 사려 하는 것은 확실하다.

어떤 유튜버의 질문처럼 우한 사람과 대구 사람이 같이 물에 빠지면 문재인 정권이 누구를 먼저 건질지는 짐작하고도 남는다. 이 정권에서 세월호 사고가 났다면 요인들이 모조리 달려가서 구명복을 재빨리 수거해 중국으로 보내지 않았겠는가? 치명적 역병의 확산 같은 국가비상사태는 사람들에게 평소에 내리기 어려웠던 결단을 내릴 수 있게 한다. 우리 국민은 지난번 대통령 탄핵으로 겪은 엄청난 국력 소모 때문에, 그런 트라우마의 반복을 피하려고 현 정부의 실정을 외면해왔다. 그러나 이제 결단하지 않으면 나라가 결딴나게 되었다. 『총보다 강한 실』의 저자는, 이[蝨]는 사람의 몸을 뜯어먹는 기생충이지만 맨몸에는 기생할 수 없고 숙주가 옷을 입어야 서식할 수 있음을 상기시킨다. 우리 국민은 언제까지 우리 살 파먹는 기생충을 품어주는 의상이 될 작정인가? 2020/3/3

박대통령의
옥중 서신

『옥중 서신』
넬슨 만델라

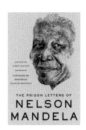

지난 4일 공개된 박근혜 전 대통령의 자필 메시지는 그의 안위를 걱정하고 안타까워하던 국민에게는 감동적인 선물이었다. 그리고 국민의 기대를 능가했다. 우선, 그 글씨는 소박하면서 순수함과 진정성이 배어나는 글씨였다. 신뢰를 고취하고 공감이 우러나게 하는 글씨가 명필이라면 박 대통령의 서체가 바로 명필이 아니겠는가.

그리고 그렇게 억울한 옥살이의, 필설로 표현 못 할 불편함과 괴로움에 대해서는 언급조차 없이 이 국가적 위기에서 나라를 바로잡아 달라는 대국민, 대야권 호소만 담았다. 그것도 지극히 절제된 완곡 화법으로. 그동안 받은 흉악한 모욕과 모략과 극도의 신체적 고통이 박 전 대통령의 영혼을 부식시키지 않았고 오히려 고양했음을 짐작할 수 있다. 근대사의 가장 유명한 수인囚人이었던 넬슨 만델라는 시련에 대해 이렇게 말했다. 고난은 어떤 사람은 망가뜨리지만 어떤 사람은 승화시킨다. 어떤 도끼도, 최후에 마침내 자신을 극복하고 승리하리라는 희망을 갖고 부단히 노력하는 사람은 찍어 넘기지 못한다고.

박 전 대통령은 적절한 시점에 긴 침묵을 깼다. 물론 나라는 운동권 정권의 마구잡이 국정 농단으로 하루하루 망가져 가고 있어서 계속 위기였지만 이제 중국발 역질에 대한 정부의 의도적 무대책으로 온 국민이 감염 위험에 내몰리고 있는 상황이다. 그 위에 합법적으로 정국 주도권을 탈환할 유일한 기회인 총선을 앞두고 보수 야권의 힘겨운 통합이 진행되고 있기는 하지만 보수적 가치와 대척점에 있는 듯한 인사들이 속속 합류하는 등, 총선 승리와 선거 후 국정 주도 능력이 불확실해 보이니 더 이상 침묵할 수 없다고 박 전 대통령은 판단했을 것이다. 더구나 사멸하다시피 했던 야권을 소생시켜 준 태극기 시민들의 뜻이 통합 야당에서 배제될 듯하니 풀뿌리 기반과 유리되려 하는 보수 야당의 행보가 어찌 불안하지 않겠는가?

그런데 이인영 민주당 원내대표와 심상정 정의당 대표 등 여당과 주변 세력들이 박 전 대통령의 품위 있고 절제된 호소에 대해 옥중 정치를 하느냐, 자신의 죄를 참회나 하라 등의 비난과 저주를 퍼부었다. 우리나라는 수인에게도 의사 표현의 자유가 있다. 박 전 대통령 재임 중에는 소통 부족 등 이런저런 불만이 있었지만 형사적 책임을 물을 불법행위는 전무했다. 현 정권의 말 못 할 국정 농단과 무수한 실정과 비교하면 박 전 대통령 수감의 부당성은 하늘을 찌른다. 그런데 죄스러워해야 할 여당 인사들이 꼭 김여정 수준의 어휘로 박 전 대통령 서신을 비난한다. 김여정 팬클럽 회원으로 커밍아웃하는 것인가? 2020/3/10

코로나 현장의 '왕서방'

『명예의 뿌리』
존 러스킨

○│ 사인 내 친구가 코로나 바이러스 감염 검사 현장에서 자
─│ 원봉사한 후기의 일부이다.

'생각보다 견디기 힘든 N95 마스크와 고글은 두 시간을 넘기면 엄청난 강도의 콧잔등 압통을 시작으로 두통과 구토감 등 흡사 고산병과 같은 증상을 가져왔으나 조금이라도 밀착이 덜 되면 김 서림으로 시야 확보가 어려우므로 느슨하게 풀 수도 풀 방법도 없으니 그저 고스란히 참아내야 했다. 보호 장비가 넉넉지 못해서 잠깐 쉬고 온다는 말도 차마 할 수 없었다. 세 시간에 한 번은 교대해야 한다는 음압 병동 규칙을 수긍할 수 있었다. 그 힘든 보호구를 입은 행정 요원들은 감염에 대한 두려움이 컸을 텐데도 묵묵히 자기 자리서 자기 일을 감당해 주었다.

깊게 밀착된 마스크로 안면 근육이 마비된다는 느낌이 들 때쯤 일과가 끝났다. 폐기물 정리까지 완벽하게 마친 베테랑 요원들과 어둠이 깔린 운동장을 걸어 나올 때 며칠이나 버틸까 걱정이 되었다. 그동안 다녔던 해외 의료 봉사나 참혹한 난민촌 진료 시에도 없었던 체력 저하였다.

검사 가능 조건에 대한 지침이 오늘은 조금 엄격해져서 그냥 돌려보 낸 분들이 꽤 있었지만 마구 해달라고 우기거나 항의하는 분이 아무도 안 계셨다. 근심하는 얼굴로 아쉬운 듯 창문을 닫고 가는 분들께 의사 로서 이 재난이 내 탓인 양 미안하고 죄송했다. 그런데 검사를 못 받고 가면서도 수고하시라고, 감사하다고 인사하시는 분들이 거의 다였다.'

우리 의료진은 숨 막히는 방호복과 허술한 도시락, 장시간 중 노동에 더해 보호 장비 부족에 시달려야 한다. 어느 때보다 청 결 무구한 방호 장비를 착용해야 할 의료진의 방호복도 딸리고, 마스크는 거듭 재사용하기도 한다니 그들을 사지로 내모는 것 이 아닌가? 그런데 보건복지부 장관은 의료진의 보호 장구가 부 족한 것이 아니고 '그분들이 재고를 쌓아두고 싶어 하는 심정에 서 부족함을 느끼는 것'이라고 해명(?)했다. 토요일자 조선일보 에는 마스크를 사용 횟수가 표시된 못에 걸어두며 여섯 번까지 쓰고, 의료용 덧신 대신 비닐봉지와 헤어캡을 씌운 의사의 발 사 진이 실렸다. 그런데도 박능후 장관 말대로 '우리나라의 (코로나 바이러스 대응이) 모범 사례이자 세계적 표준'이 된다면 정부가 그 공을 독점하려 하겠지?

19세기 영국의 사상가 러스킨은 우리가 군인과 의사를 존경 하는 것은 군인의 과업이 사람을 죽이는 것이 아니고 나라를 지 키다가 죽는 것이고 의사는 전염병이 창궐할 때 사지에 남아서 환자들을 돌보기 때문이라고 말했다. 우리 위정자들은 우리에 게 존경받을 사유가 하나라도 있는가? 2020/3/17

지금 기절했다가
연말에 깨어난다면

『립 밴 윙클』
워싱턴 어빙

□ 국 문학의 시조로 불리는 워싱턴 어빙의 단편 『립 밴 윙클』의 주인공은 게으른 공처가인데 마나님 잔소리를 피해서 매일 산으로 강으로 쏘다닌다. 하루는 캐츠킬 산속에 들어갔다가 기이한 복장을 한 사람들에게 술을 거나하게 얻어 마시고 잠이 들었는데 깨어보니 세상은 20년 후였다. 그의 엽총 총신은 완전히 삭았고 수염은 한 자나 자라 있고 그동안 장성한 그의 아들은 그처럼 게으름뱅이였다. 그는 자기가 잠든 사이에 미국이 독립한 줄 모르고, '누구냐'는 동네 사람의 질문에 '[영국 왕] 조지 3세의 충직한 신하'라고 대답했다가 봉변을 당한다.

만약 올 초에 사고나 병으로 의식을 잃었다가 연말쯤(?) 코로나 상황 종료 후에 깨어나는 사람이 만나는 세상은 어떨까. 사람들이 모두 위생에 극도로 예민해져서 가족 간에도 같은 그릇에서 음식을 먹지 않고, 술잔 돌리기는 아득한 옛 추억이 되었다. 대중식당도 몰라보게 청결해졌고 악수도 팔꿈치 맞대기 등 여러 창의적인 버전으로 진화하고 있었다. 학교나 학원의 수업은 화상 강의가 대세가 되었고 사무직 업무는 재택근무와 출근이 3대2로 정착되고, 공장의 집단 작업도 개인 간 칸막이를 설치 못 하는 경우엔 안면 실드를 착용하게 되었다. 예배나 법회도 신도를 몇 그룹으로 나눠 본다. 그래서 너무나 낯선 세상이라고, 내가 혹시 외국에서 깨어났나, 그간 30년은 흘렀나 생각하던 사람도 정치판을 일별하면 '2020년 대한민국이 맞는구나' 하면서 맥이 풀릴 것 같다.

여당이 내부 결속을 다지고 정권을 탄핵과 비리 폭로에서 구할 목적으로 대다수 지역구와 비례에 정권 비리의 주범과 공범들을 공천한 후유증은 총선 후 단 하루도 국회의원 '비리'가 전방위에서 폭발하지 않는 날이 없게 했다. 조국 게이트는 항목과 수법이 기발하고 다양하기는 하나 그중에선 규모가 작은 비리였고, 울산시장 선거 게이트, 유재수 감찰 무마 게이트, 신라젠 게이트, 라임 게이트 등 각종 대형 범죄의 내막은 국민의 숨을 막히게 했다.

총선에서 여당의 패배는 권력의 비리뿐 아니라 정권에 침투한 반국가 세력도 척결할 천재일우의 호기를 제공할 터인데, 야당이 조금만 강력하게 뒷받침하면 그 작업이 강력하고 철저하게 추진될 수 있을 것이다. 그런데 보수 진영이 오랜 병폐인 응집력 부족에 더해서 이번 총선에서는 보수의 가치관과 신념, 경륜이나 정치력보다 '인적 쇄신'을 최우선 목표로 신인, 무명인, 심지어 좌편향 의혹 인사도 공천한 모양이다. 마지막 순간에 수정한 비례 후보 명단이 지역구의 약점을 적잖게 보충했지만 뚜렷한 노선의 강한 정당으로 변신시키지는 못했다. 코로나도 갈아엎지 못한 한국의 정치 풍토라니! 2020/3/24

황교안 대표,
속죄할 길 없는 죄를 짓지 말라

『간디와 처칠』
아서 허먼

간디의 비폭력 무저항 운동이 인도를 영국으로부터 해방하는 성과까지 거둘 수 있었던 것은 상대가 영국이어서 가능했다. 지금 북한에서 간디의 운동을 시도하는 사람이 있다면 어떻게 될까? 소련이나 중국, 그리고 문재인 정권하 대한민국에서는?

이 정권은 황교안 미래통합당 대표가 단식할 때 겨울비와 칼바람이 몰아치는 청와대 앞 광장에서 황 대표의 허술한 휘장을 철거하라고 했던 살인 정권이 아닌가? 조국이라는 다중 범죄 혐의자를 법에 따라 수사하는 검찰을 학살하고, 연동형 비례대표제와 공수처법 편법 통과로 사법기관과 의회를 자기들의 노리개로 만든 이 파렴치 정권은 신사도나 페어플레이의 개념이나 알까?

간디 자신도 비폭력 저항은 싸워서 승리할 수 있는 역량이 있을 때에만 효과를 거둘 수 있다고 말했다. 그런데 황 대표는 무저항 운동에나 어울릴 사람처럼 전투 역량 제로에 전투 의지조차 없어 보인다. 그리고 지금 자기의 투쟁에 나라의 존망이 걸려 있음을 의식 못 하는 사람 같아 너무도 안타깝다.

작년 여름 패스트트랙 저지 투쟁을 할 때였던가. 누가 황교안에게 그런 식으로 투쟁하면 4·15 총선에서 패배하지 않겠느냐고 했더니 황교안이 "4·15 총선에서 패배하면 내가 책임지겠다"고 대답하는 것을 보고 그야말로 '뚜껑이 열리는' 줄 알았다. 4·15 총선은 나라를 전리품으로 아는 현 정권 때문에 중병에 걸린 나라를 탈환해서 되살려낼 마지막 기회인데 그 절체절명의 기회를 놓친다면 그가 무슨 수로 책임을 진다는 말인가? 그가 대선 가도를 포기하면 국민이 죽음의 늪에서도 위로를 받는다는 말인가?

그러나 그 후 그가 단식을 시작하고 살을 에는 강풍과 차가운 빗속에서 오로지 맹물로 목숨을 이어갈 때는 너무나 가슴이 아팠고, 의식을 잃고 병원으로 실려 갈 때는 카리스마와 결의에 찬 리더로 변모해 나타나기를 간절히 기도했다. 그러나 복귀한 황교안은 다시 '백면서생'이었다. 자기가 임명·위촉한 사람들에게도 휘둘리는….

이번 4·15 총선에서 패배한다면 황교안은 졸렬한 전투로 나라를 빼앗긴 패장 이상의 치욕을 감당해야 할 것이다. 국가 비상시에 자리 값을 못하는 인간은 국민에게 죄인이다. 이제 그는 사력을 다해 싸워서 야당을 재건하고 대한민국의 자유민주주의를 보전해야 한다. 지금은 신사도가 무엇인지도 모르는 막가파를 대상으로 침착한 완곡 화법으로 '신사 게임'을 할 때가 아니다. 목이 터지고 심장이 폭발하기까지 문재인 정권의 죄악을 성토해서 국민을 착각과 자포자기와 무기력에서 일깨우라. 2020/3/31

조국祖國을
조국 일당에게 내줄 것인가

『제3공화국의 흥망』
윌리엄 샤이러

문재인 정부 출범 3년 미만 동안 평생 한 것보다 훨씬 많은 새로운 인간 유형을 구경했다. 상상을 절切하는 경험이었지만 지적인 '수확'이었달 수는 없다. '소주성', 탈원전, 기타 이 정권의 모든 정책이 정상적인 정부가 취할 수 있는 것이 아니어서 경악하고 분노했지만 조국 사태에 이르러서는 정말 그들이 한국인이라는 것은 물론 인류라는 종種에 속한다는 사실조차 믿기지 않았다.

대통령의 복심이라고 조국 같은 파렴치한 인간을 나라 정의의 수장 자리에 앉혀서 자기네 패거리들이 연년세세 농락하고 말아먹을 수 있도록 나라를 개조하려 하다니. 조국 본인도 심리학적 돌연변이나 기괴 인간 같다. 그토록 철저히 양심이나 죄책감이 없는 인간도 인간인가? '정의의 사도'를 가장한 자신의 무수한 과거 발언들을 그는 털끝만큼도 민망해하지 않으니, 20세기 중반에 정신질환 치료법으로 유행했다는, 전두엽과 뇌의 나머지 부분을 단절시키는 '전두엽 절제' 시술이라도 받은 것인가?

결국 이 정권은 전국적인 태극기 시위에 밀려 조국을 퇴임시켰지만 곧 조국 수사를 담당하던 요직 검사들을 좌천시켜 지방으로 보내는 대학살을 자행하고, 검찰의 권한을 약화시키고, 완전 무력화하는 작업 중이다. 이번 총선 후 신설될 공수처는 조국을 '구출'하고 모든 고위 공직자의 '국정 농단권'을 보장할 것이다.

코로나 바이러스 사태로 조국 사건이 잠잠해져서 선거를 앞두고 여권이 무척 다행스러워하겠구나, 했는데 오히려 요란하게 조국 수호를 선거 구호로 내세우며 국민은 닥치고 찍기만 하란다. 그런데 여론조사에 의하면 그런 파렴치범 수호 정당의 지지도가 높다고 한다. 우리 국민은 마법의 피리에 홀려 줄지어 강물로 걸어 들어가는 어린이들인가?

윌리엄 샤이러의 나치 독일 흥망의 일대기를 보면 히틀러는 연합국의 베를린 함락이 임박하자 자살을 결심하고 유서를 쓴다. 그러나 4천만 명의 생명을 앗아간 이 살인마는 유서에서까지 거짓말과 변명, 자기 미화를 늘어놓는다. 끝까지 권력욕을 놓지 못해 '배신자'를 파면하고 후계자를 지명하면서 요직은 자기가 임명한다. 나라는 일주일 후에 멸망했는데. 그리고 유태인에 대한 저주와 박해를 유훈으로까지 남긴다. 조국이 옥중 수기를 쓴다면 이따위 글이 되지 않겠는가?

이번 선거는 대한민국이 조국 류 인간들의 먹잇감이 될지, 아니면 조국 류의 악당들이 농락할 수 없는 나라가 될 것인지를 가르는 선거가 될 것이다. 유권자의 책임이 막중하다. 2020/4/7

"젊은이여, 자유를 빼앗기고 남루한 삶을 살려는가?"

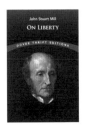

『자유론』
존 스튜어트 밀

O│낙연 출마자는 지난달 "저는 남루한 청춘을 종로에서 지냈습니다"로 시작하는 문자메시지를 종로구민들에게 보냈다. 요즘엔 '흙수저' 간판(?)이 정치인의 최고 자산이라지만 1970년대 초 서울대 법대생이 자기 청춘을 남루했다고 기억한다? 당시 대학생들은 거의 모두 맨주먹이었지만 낭만이 있었고 하늘을 찌를 기개氣槪가 있었다. 그래서 오늘의 대한민국이 존재한다.

그런데 이제, 수많은 그의 동년배는 갑자기 남루해진 그들의 노년에 어찌할 바를 모른다. 필자의 세대는 각자 자기 인생을 개척하기 위해서 열심히 뛰었지만 모두 그렇게 고군분투하다 보니 나라가 발전하고 부강해져서 나라의 번영에 일조했다는 자부심으로 뿌듯했다. 그런데 불과 2~3년 사이에 나라가 눈앞에서 무너져 내리고 있으니 이 무슨 날벼락인가?

우리나라가 수백, 수천 년 전, 아마도 태곳적부터, 불평등 사회였던 것은 사실이다. 그러나 가난과 압제는 모든 인류의 공통 운명이었고 우리나라는 정체된 사회제도 탓에 서구에 비해 조금 더 최근까지 낙후되었었다. 뒤늦게 근대화하면서 제도적 불평등은 점차 시정되었지만 경제적 불평등은 해소가 훨씬 어렵고 아직 해결한 나라가 없다. 우리는 그간의 경제성장으로 모든 사람의 생활이 개선되었지만 경제 규모의 팽창으로 소득 최상위층과 최하위층의 격차는 커졌다.

이는 누구의 악의에 기인한 것이 아니고 지혜를 모아서 순리적으로 개선해 나아가야 할 과제인데 반反대한민국 세력이 민중의 박탈감과 원한을 부추겨 정권을 쟁탈하고서 나라를 망가뜨리고 있다. 이 나라가 악의 세력이 세우고 지배해서 서민은 늘 암흑 속에서 짓밟히기만 한 나라라고 요란하게 선전선동하며 기득권층 박멸 작업을 하고 있다. 우선 나라의 경제를 망쳐 중산층과 중하위층을 무력화해서 정권의 인질로 잡았다. 모든 공직에 패거리를 심어서 나라를 사유화하고, 안보를 파괴해서 불안으로 국민을 길들인다. 무엇보다 헌법에서 자유를 삭제하고 시민의 자유를 몰수해서 국민을 자기 삶의 주체가 될 수 없게 하고 사회주의 인민으로 훈련시키고 있다.

존 스튜어트 밀은 "단 하나 확실하고 영속적인 인간 발전의 원천은 '자유'다. 자유가 있어야 개인의 수만큼 독자적인 발전의 핵이 형성된다"라고 말했다. 그런데 우리의 젊은 세대는 그럴듯한 좌파 구호에 속아서 자유를 반납하고 복지에나 기대려는 것인가? 저 불량배들이 나라를 해체하고 기둥뿌리까지 뽑는 것 좀 막자고 어른들이 울부짖는데 "기둥까지 싹 갈아서 초일류 국가 만들겠다는데 내버려두세요"라고 하니 어찌 피가 마르지 않겠는가. 2020/4/14

반품 안 되는 선거 결과,
곧 날아들 '충동구매' 고지서

『전력을 다하여』
베른하르트 타이허

1932년 바이마르공화국 대통령 선거에서 히틀러에게 투표한, 유권자의 37%나 되는 독일국민은, 1차 대전에서의 패배로 인한 경제 파탄과 국민적 수치에서 독일과 독일 국민을 구해 줄 희망에 투표한 것으로 믿었을 것이다. 그러나 그 득표를 발판으로 2년 후 총통이 된 히틀러는 독일을 전대미문의 치욕과 멸망에 몰아넣는다.

4·15 선거가 여당의 압승으로 끝났다. 민주국가에서 유권자는 왕이지만 선거 결과는 반품·교환 불가인데 우리 국민은 애석하게도 갈수록 더 심한 충동구매를 하는 것 같다. 현 정권 불과 3년 사이에 나라가 경제, 사회정의, 안보, 외교 전 분야에서 퇴보하고 국민의 생계가 위협받고 있는데 오히려 그래서 국민은 '좌파'가 민중의 벗이라는 고정관념에 집착하는 것일까?

이 정권이 정상적인 정권 같으면 야당이 정신 차리고 훌륭한 정책과 로드맵을 개발해서 2년 후에 재대결을 하면 되지, 하겠는데 이 정권은 너무 기이해서 이 나라가 2년 후에도 우리가 아는 대한민국으로 존재할까 의심스럽다. 이 정권은 집권 첫날부터 두려운 것도 없고 삼가는 것도 없었다.

거의 취임 일성으로 공표한 탈원전 정책의 부당함을 3년간 얼마나 많은 전문가가 목이 터져라 외쳤는가? 원전이 가장 안전한 발전 시설이며 가장 저렴하고 안정적 에너지 공급원으로 한국 산업의 버팀목이라는 것, 세계 제1 원전 기술국으로서 원전 수출이 효자 산업이며 국가 위상 제고 수단임을 아무리 애타게 절규해도 이 정부는 상대할 가치 없다는 듯 싹 무시해 버렸다. 이런 정부가 세계에 또 있을까? 인사로 말하자면 출범과 함께 동네 약사를 식약처장에 임명한 것에서부터 희대의 파렴치한 조국의 법무장관 임명까지 나라의 모든 중책을 패거리들에게 나눠 주고, 소위 '소주성' 정책으로 일자리가 뭉텅뭉텅 파괴되고 중소기업, 자영업자들이 줄도산하고 생활고 자살자가 속출해도 한 번의 유감 표명도 없었다. 개표 바로 다음 날 검찰총장에게 '세상이 바뀌었다는 것을 확실히 알게 해 주겠다'는 협박을 하는 정권, 이 정권은 '민주주의'의 간판조차 내리려는 것인가?

이제 헌법을 제외한 나라의 모든 법과 제도를 뜯어고칠 수 있는 의석을 확보했으니 검찰의 척추를 확실히 꺾어 놓으려 할 것이고 여당 대표는 토지공개념을 법제화하고 종교의 자유까지 손보겠다는 사회주의 노선을 공공연히 표명했다. 국민은 좌파 정부가 부르기만 하면 선물 갖고 달려오는 산타라고 생각한 것 같은데, 영구 집권을 위해 온 국민을 좀비 바이러스에 감염시키고 있지 않은지, 자주 살피며 견제할 일이다. 2020/4/21

대한민국호號의 평형수가 완전히 고갈되는 날

『마녀』
주경철

주지하는 바와 같이, 유대인의 수난은 나치에 의한 것만이 아니었다. 유대인들은 나라 없는 민족으로 3천 년을 이 나라 저 나라에 흩어져 살면서 정착한 나라에 기여도 많이 했건만 어느 날 갑자기 추방령이 내려 즉시 재산을 챙겨서 언제까지 나가라거나 또는 재산까지 몰수당하고 추방당하기 일쑤였다. 개별적인 차별과 박해는 일상이었고 대규모 학살도 숱하게 당했다.

수많은 나라에서 전염병이나 천재지변, 흉작 등으로 민심이 흉흉해지면 유대인이 우물에 독을 푼다든가 종교의식용으로 어린이를 살해한다는 따위의 소문을 퍼뜨려서 유대인을 민중 분노의 표적으로 만들었다. 1천 년 가까이 자행되었던 유럽의 잔혹한 '마녀'사냥 ('witch'의 대다수는 여자였으나 남자도 적지 않았다)은 도전을 두려워하는 공권력이 자신의 정당성을 선포하기 위해서 '악을 말살하는 위력'을 과시한 것이라고 한다. 세계 어느 민족이나 역사상 모두 이런저런 집단 박해를 당해 보았다. 그런데도 유사한 가해자가 되기를 삼가지 않는다.

문재인 대통령은 여당이 압승한 바로 다음 날 "세월호 사고 원인을 철저히 밝혀내겠다"는 맹세(또는 위협)를 했다. 세월호 침몰의 '원인'은 온 천하가 아는 바와 같이 과적과 평형수 부족이었다. 과학적인 원인이 확인되었는데 원인을 밝히겠다는 것은 사실상 유대인, 마녀, 또는 (김상희 더불어민주당 경기부천병 당선자의 어휘를 빌리면) '짐승'을 만들어 내겠다는 이야기가 아닌가. 좌파가 북한의 온갖 만행에 대해서도 사용하지 않은 이 '짐승'이란 어휘가 의미하는 바는 무엇일까?

세월호 사고 발생 이래 불행히 자녀를 잃은 부모 중 상당수는 좌파에게 인질로 잡혀 몇 년이나 애도를 본업 삼기를 강요받았고 일부 정치인과 시민 단체는 세월호를 정치적 요술 방망이로 마구 휘둘렀다. 그렇게 해서 세월호 희생자에 대한 애도는 좌파의 배타적 특권이 되었고 우파는 추모할 권리를 박탈당하고 불가사의하게 '가해자' 취급을 받게 되었다. 그래서 이제는 노란 배지가 상장喪章이 아니고 도전장, 고발장으로 보이게 되었다.

이 좌파 정부는 세월호 사고의 원인에 대해 어떤 가설을 입증하겠다는 것일까? 나의 두뇌로는 추측이 안 되는 그 가설은 아마도 모든 우파를 일거에 '불가촉천민'으로 강등하기에 족한 것일 게다. 그 가설이 억지로 입증되는 날, 대한민국호號는 평형수가 완전히 고갈되어 전복되고 말 것이다. 2020/4/28

이 칼럼은 200회로 접습니다. 그동안 뜨겁게 성원하고 격려해 주신 독자 제위께 깊이 감사드립니다.

우리의 신분증 제시
혐오 유전자

25세의 청년으로 조선에 와서 40년간 선교활동을 하면서 고조선부터 대한제국까지의 한민족의 역사를 저술하고 성경 번역, 한-영 사전 편찬, 그 외에 무수한 영역, 국역 업적을 남긴 캐나다인 선교사 제임스 게일은 그의 1888년-1897년 조선체류기 Korean Sketches (최근에 『조선, 그 마지막 10년의 기록』이라는 제목으로 번역출간 됨)에서 "조선에서 두발로 직접 걷는다는 것은 사람들의 멸시를 받는 행동에 속했다"라고 말하고 있다. 물론, 서양에서도 옛날에, 말 탄자와 걷는 자의 신분 차이는 엄청난 것이었다. 그러나 조선에서처럼 자기 발로 걷는 자의 설음이 심한 데가 있었을까? 하기는 중국이나 이슬람 국가에서는 더 심했을 것 같기도 하다. 어쨌든 조선에서 자기 발로 걷는 사람에게 보행자의 '권리'는 없었다. 가마 탄 나으리나 말 탄 고관은 보통 '물렀거라! 아무아무(대개 성명보다는 관직명) 대감 나가신다'라고 외쳐대면서 운 나쁘게도 마침 그 길을 지나던 보행자를 몽둥이로 후려치는 시종을 앞세우고 길에 나타났다. 몽둥이에 맞는 보행자의 죄는 높은 분이 나타나는데 번개같이 길 가에 꿇어 엎드리지 않은(못한) 것뿐이었다. '나도 길을 걸을 권리가 있다'는 따위의 항의는 팔다리가 모조리 부러질 각오가 없으면 생각도 할 수 없는 일이었다.

해주 목사牧使가 게일 선교사에게 억지로 붙여 준 포졸들은 "[물렀거라!] 한마디로 우리(선교사 일행) 앞길의 모든 사람들을 쓸어버렸다. 행차를 알리는 그들의 목소리는 멀리까지 쩌렁쩌렁 울려 퍼졌고, 운 없게도 자신들이 제왕의 행차 길에 있다는 걸 알게 된 사람들은 혼비백산 도망치느라 난리였다. 제발 그러지 좀 말라고 수없이 타일러 봤지만 헛수고였다. 내가 뭐라 할라치면 그들은 알겠다면서 두 손을 모아 공손히 절을 하고는 곧바로 눈에 띄는 촌사람들을 모조리 후려갈기며 내쫓았는데, 입에는 담뱃대를 물고 '서양 귀신' 구경 좀 해보려고 나왔던 이 시골 사람들은 상투와 누비바지가 너덜너덜해져서 쫓겨나기 일쑤였다. 결국 '포졸들'에서 완전히 벗어나는 것 이외에는 방법이 전혀 없다는" 생각이 들어 게일 선교사는 포졸들에게 선물을 주고 헤어졌다고 한다. 조선의 민초들과 친해져서 그들을 기독교의 품으로 끌어들이고 싶었던 여러 서양선교사들의 회고록에는 이런 포졸 또는 하인들에게 서민들을 후려치지 말라고 사정을 하고 꾸짖고 해도 소용이 없었던 경험담이 나온다.

그러니까 조선에서는 양반이 하급자나 평민에게 자신의 관등성명을 스스로 밝히는 일은 자신의 품격을 낮추는 일이었다. 양반은 자신의 품위를 유지하기 위해서 하인들로 하여금 자신의 지위를 들먹이며 서민들을 겁주게 했던 것이다. 벼슬아치들의 얼굴이 신문에 실리지 않았던 그 시대엔 지위 부풀리기나 사칭詐稱도 빈번하지 않았겠는가? 그래서 '하인이 똑똑해야 양반이 양반 행세를 한다'는 말도 있었다. 하인들은 자기가 모시는 대감의 정확한 관직도 밝히지 않고 "보면 모르느냐?"로 주변 사람들의 기를 죽이며, 실제보다 훨씬 높은 지위인 것 같이 자세藉勢를 했던 것 같다.

우리나라 사람들이 신분증 제시를 죽기보다 싫어하는 이유가 바로 이 유전자에 각인된, '나는 내 스스로 관등성명을 밝힐 만큼 초라한 사람이 아님'을 확인하고 싶은 욕망 때문이 아닌가 싶다. 그런데 이번에 신분증을 지갑에서 꺼내서 보여주기를 거부한 김정호 의원은 국회의원 당선 인터뷰에서 "특권과 반칙이 없는 원칙과 상식대로 의정활동을 하고싶다"고 포부를 천명했다는데 공항에서 자신이 국토위 소속 국회의원임을 밝히면서 정상적인 신분증 확인 생략이라는, 특별대우를 강요하는 반칙을 범했다. 원칙과 상식이 통하는 사회라면 공항에서 탑승객들의 신분증을 받아 쥐는 1초 동안에 정교하게 위조된 신분증을 가려내지 못하면 문책을 당하는 힘없는 말단 직원들이 국회의원에게 모욕과 갑질을 당하지 않는 사회가 아니겠는가.

김정호 의원의 전력은 잘 모르지만 그는 젊은 시절에 보행자의, 말단 직원의, 설움을 당해보지 않았을까? 나의 짐작으로는 분명 그가 그런 설움을 당하고선, '나는 죽을 때까지 누구에게도 이런 수모를 절대 끼치지 않겠다'고 맹세하는 대신 '나는 다음에 출세해서 힘없는 하급자들의 기를 죽이고 마구 닦달해서 이 원한의 응어리를 풀겠다'고 다짐했던 것이 아닐까 싶다. 만약 그랬다면 그 응어리가 완전히 풀리기 위해서는 힘없는 하급자가 몇 명이나 필요한 걸까?

사실 요즘 집권세력들을 보면, 그들은 '아무도 권세 없는 설움을 당하지 않는' 나라를 만든다는 '이념'(또는 신화)을 기치로 이 사회의 모든 불만세력을 규합해서 정권을 쟁취했는데, 이제 집권을 하니까 힘없는 자를 돕는 데는 관심이 없고 기득권층 파괴만 일삼으면서 사실상 자신들이 힘없는 서민들의 압제자가 되어 민초들을 짓밟으며 권력감을 만끽하고 있지 않은가? 그들이 진정 약자를 생각한다면 약자들에게 독이 되는 정책을 그렇게 죽도록 고집하겠는가? 그리고 그들이 민중의 적이며 착취자로 규정하고 타도의 대상으로 삼는 기득권층은 사회의 번영과 발전에 공헌이 있거나 없거나, 나라의 존속과 안녕에 필요하거나 하지 않거나, 모조리 난타를 가하고 있다. 그 옛날, 나으리의 권세를 업고 길가는 죄 없는 행인을 무차별로 후려치던 포졸들처럼.

선진국민들은 신분증 검사 같은 것은 번거롭더라도 그것이 무임승차, 또는 침입자를 막아서 정당한 대가를 치르는 사람의 권리를 보호하는 것임을 알기 때문에 기꺼이 응한다. 그리고 소지품 검사는 흉기나 유해물질의 반입을 차단해서 검사를 받는 모든 이의 안전을 보호하는 것이기에 선선히 협조한다. 그런데 아직도 우리 국민의 다수는 누구든 자기 얼굴만 봐도 귀한 신분의 인격자임을 알아보아야 한다고 생각하기 때문에 신분증 확인을 받는 행위가 자존심 상하고 불쾌한 것이다.

아무튼 앞으로는 공항 신입직원 (또는 파견인력)의 오리엔테이션에 국토위 소속 국회의원 얼굴 외우기가 필수 과정이 될지도 모르겠다. 그렇게 되면 국토위 소속 의원과 외모가 닮은 납치범을 공항 직원이 통과시켜서 항공기 공중납치사건이 일어날 가능성이 증가하지 않겠는가?

우리도 이제 우리 안의 신분증 제시 거부감 DNA를 유전자 가위로 잘라내고 나를 포함한 모든 입장객, 관객, 승객을 보호하는 신분 확인, 소지품 검색에 선선히, 기분 좋게 응하는 DNA를 이식할 때가 되지 않았을까? 그러면 우리사회가 훨씬 명랑하고 투명한 사회가 될 터인데…. 2018/12/26

두 월남민의 아들

황교안 전 총리는, 펜앤드마이크의 자유한국당 당대표 후보 릴레이 인터뷰에서 밝힌 것 같이, 북한에서 땅을 뺏기고 쫓겨 온 피난민의 아들이다. 이는 이미 잘 알려진 사실인데 황 전 총리는 자신의 가족이 북한에 살면서 고통을 받았기 때문에 북한의 실상을 너무 잘 알고 있다면서, '그래서 우리가 피와 땀으로 일군 대한민국을 빼앗기지 않기 위해서는 목숨도 바치겠다는 자신의 각오가 당연하지 않으냐'고 말했다.

황 전 총리의 투철한 반공의식은 사실 내가 만나 본 월남민 모두에게 공통된 것으로서 당연하다 여길 만하지만, 요즘 우리 모두에게 위협이 된 한 월남민의 아들 때문에 새삼 고맙고 감격스럽다. 황 전 총리는 대한민국을 전복하려는 세력인 통진당이 위헌적 단체임을 인정하라는 헌법소원을 17만 쪽에 달하는 증빙자료와 함께 제출해서 헌법재판관 8:1의 가결로 통진당 해산을 이끌어 내었다. 그의 부모가 무사히 월남한 것이 얼마나 다행한 일인가.

내가 자랄 때 우리 부모님은 가끔 '이북사람들'의 강인한 생활력을 감탄하시곤 했다. 월남민들은 남들이 선뜻 손대기를 꺼리는 허드렛일, 삯 지게지기, 장작패기 등 어떤 힘들고 험한 일도 서슴지 않고 해서 삶의 발판을 마련하고 점차 미미한 기회라도 포착해서 큰 사업체를 일군 사람이 많았다. 월남민이 원체 많았고 그들의 기본 조건이 너무나 빈약했을 뿐 아니라 대한민국 역시 극빈한 나라였기 때문에 10년, 20년을 막노동에서 헤어나지 못했던 사람도 많았지만 그럼에도 월남민들이 많이 정착했던 청계천, 해방촌 등지의 판자촌은 '슬럼'slum이 아니었다. 지금은 한국 사회학계의 원로인 임희섭 교수가 소장학자시절인 1972년 청계천 판자촌을 연구한 논문을 보면 사회학에서 보통 슬럼이라 부르는 빈민촌은 범죄와 폭력 등 사회문제의 온상이며 그 주민들은 향상의 의욕이 없고 노동의 동기를 상실한 사람들인데 반해, 1970년대 초 서울 청계천의 주민들은 17%가 가구당 1만 원 미만의 수입으로 살았지만 (필자의 첫 직장인 영자신문사에서 1968년 12월 수습기자의 월급이 1만 원이었다) 그럼에도 청계천주민의 23%는 계나 적금 등의 저축을 했다고 한다.

저축한 자금의 용도는 자녀들의 교육자금, 사업자금, 주택자금이었다고 한다. 주민 대부분이 극빈자들이었지만 청계천에도 수학학원, 피아노 학원이 있었을 정도로 자녀 교육에 아낌없는 투자를 했기 때문에 한국의 경제건설과 사회발전의 역군들을 풍성하게 길러냈다. 임 교수가 연구를 수행한 1970년대 초에는 월남민은 거의 다 다른 곳으로 이주해서 (다시 말해 청계천을 '탈출' 해서) 그곳 주민의 약 10%만이 월남민이었고 나머지 주민은 대부분 무작정 상경한 농민들이었지만 주민의 85%는 청계천 거주기간이 10년 미만이었고 반은 3년 미만으로, 청계천은 제대로 생계를 마련하기까지의 잠정적 거주지였다.

황 전 총리의 가족은 빨리 기회를 포착한 월남민에 속하지는 못했던 듯 황 전 총리는 유년기, 소년기를 빈곤 속에서 성장한 것 같지만 그가 대한민국의 당당한 검사가 되었고 마침내 법무장관, 총리까지 오를 수 있었던 것은 그가 자유대한민국의 열린 기회의 수혜자였음을 입증하는 일이 아니겠는가. 황 전 총리의 이야기를 본인에게서 직접 들으니 같은 월남민의 아들인 문재인 대통령이 투철한 반공주의자가 아니고 친북주의자인 것이 새삼 안타깝고 통탄스럽다.

문재인 대통령이 집권 첫 날부터 쏟아 낸 여러 정책들은 국민들에게 "어떻게 이럴 수가?"와 함께 "도대체 왜?" 라는 의문을 불러일으켰다. 잠재적 후보였을 때부터 친북적인 색깔은 분명했고, 국내 정책도 탈원전 같은 불길한 공약을 내걸기는 했지만 그래도 경제현실을 너무 몰라서, 또는 북한과 김정은의 실체를 몰라서, 그런 정책을 내세우는 것이겠지, 실지로 집권을 하게 되면 국민의 반대가 심하면 보류하거나 시행해 보다가 부작용이 나타나면 방향전환을 하겠지, 설마 우리 국민에게 점수 따기보다 김정은에게 점수 따기에 더 급급하겠는가, 했다. 상식적인 생각이었지만 그것은 너무나 안이한 생각이었다. 문 대통령은 취임 직후 발표한 정책부터 그의 의도가 이 나라의 쇠퇴, 북한의 속국 만들기라는 강한 의심을 넘어 확신마저 갖게 했다. 그리고 그 의심을 뒤집을만한 일은 일어나지 않았다.

자기가 대통령으로 통치하고 있는 나라, 게다가 (거듭된 실정으로 지금은 대폭 추락했지만 처음엔 사상 최고의 지지율을 누리지 않았는가?) 국민이 높은 지지율로 받들어 모시는 나라를 사정없이 압착해서 포악한 독재자, 국민을 굶겨 죽이고 혹사해 죽이고 심통나면 죽이는 분별없는 악동惡童에게 선물포장해서 바치려는 일이 어떻게 설명될 수 있다는 말인가?

인간은 자기의 이익을 추구하는 존재라는 '상식'에 입각해서 추측해 본다면 대한민국은 대통령이 5년 단임제이고 임기가 끝나면 감옥행이 수순이니까 세계최악의 독재자 아래 2인자로서라도 오래오래 권력을 누리고 싶은 것이라는 해석이 가능할 것이다. 그러나 그것은 지금 문 대통령의 등과 어깨에 올라 탄 운동권출신 들에 대해서는 어느 정도 타당한 추측일지 몰라도, 문 대통령 자신이 그런 구차한 계산에 입각해서 행동한다고는 믿어지지 않는다. 그래서 문 대통령의 행동은 세계사에서 손꼽히는 불가사의로 앞으로 오랫동안 역사학자들과 심리학자들의 연구과제가 될 것이다.

심리학자는 못 되지만 나의 문학적 상상력을 동원해 본다면, 문 대통령에 대해서 가장 주목해야할 사항은 문 대통령의 부친이 북한에서 홍남시 농업과장으로 재직했던 '북조선인민공화국 관리'였다는 사실이다. 그러니까 그의 경우는 보통 월남민과 다르다. 대부분의 월남민들은 지주 또는 자본가로서 공산당의 박해를 피해서 목숨 걸고 남하한 '피난민'들이었고 따라서 그들에게 공산체제는 원수였고 미국이 목숨의 은인이었다. 이에 반해서 문 대통령의 부친은 참혹한 장진호전투 이후 분노한 미국이 북한을 집중 폭격했고, 피난민이 빠져나가면 또다시 대대적인 폭격을 할 것이라는 소문 때문에 북한에 그대로 머물러 있다가는 폭격을 맞아 죽을까봐 '직장에 대한, 또 체제에 대한, 큰 미련을 지닌 채 남하한' 소수의 예외적인 케이스였던 듯하다.

그래서 다른 월남민들이 대한민국이 제공하는, 북한에서는 누릴 수 없는, 자유에 감읍하며 남한에서 생업에 전력투구해서 지위와 재산을 일군 반면에 북한 공산체제의 엘리트였던 문 대통령의 부친은 남하함으로써 상실한 자신의 지위, 자기의 활약 무대였던 공산정권이 그립고 아쉽고 폭격으로 자신을 그 자리에서 몰아 낸 미국에 대해 크나 큰 분노와 원망을 품고 살았을 가능성이 크다. 그래서 다른 월남민들처럼 생업에 전력투구를 하지 못했을 수 있고 북한에서의 이력이 알려져서 요시찰인물이 될까봐 자신의 적성에 맞는 화이트칼라 자리는 두드려보지 않았기가 쉽다. 빈곤에 정신적 불만과 불안이 더해졌다면 더욱 더 북한이 그립고 미국은 증오스럽고 남한은 저주받아 마땅한 불평등의 땅으로 느끼지 않았겠는가?

우리네 인생이 대부분 그렇듯 소년 문재인의 집안에도 한두 번 뜻밖의 행운은 있었을 듯 하고 어떤 노력은 결실을 맺기도 했을 터인데 문재인 일가는 남한에서의 삶과의 화해를 철저히 거부했던 것일까? 어쩌면 빈곤한 가운데서도 악질적인 사기를 당했는데 대한민국 사회가 느슨해서 범인을 잡지 못해서 대한민국의 자유와 개방성을 저주하게 된 경험이 있었는지도 모른다. 어쨌든 문 대통령의 집권 후 행보는 대한민국에 대한 애정이 없고 대한민국의 존속가치를 인정하지 않는 사람의 행보이다.

문 대통령이 신영복이나 리영희, 윤이상 같은 인물들을 흠모한다는 것은 보통 사람들이 어떤 작가나 사상가를 좋아하고 흠모하는 것과는 다르게 그들의 정신적 후계자를 자임하고 그들의 과업을 완성해서 그들이 당한 고난을 보상하겠다는 각오가 아닐까? 지금 문 대통령이 취하고 있는 대한민국에 불리한 많은 조치들이 그가 존경하고 사모하는 사상적 선배들에 대한 빚 갚기이고 자기 존재목표의 완성 수순이라면 대한민국은 멸망으로 직행할 수밖에 없다.

이런 사람에게는 이념이라는 것이 냉철한 지적 판단으로 선택한 사회 운영방식이 아니라 종교이고, 다른 이념이나 사상과 객관적으로 비교 검토할 대상이 아니다. 종교는 '에누리' 사이트에서 가격과 품질을 다각도로 비교검토해보고 구매하는 것이 아니지 않는가. 문 대통령의 '이 정부 시책 때문에 실망한 국민이 없을 것'이라거나 최저임금 등 경제시책이 시행 초기에 다소 고통을 끼친다 하더라도 밀고 나가면 결국 모든 사람에게 혜택이 돌아갈 것이라는 등의 발언은, 그 자신 그것이 사실이 아님을 알지만 동시에 더 심원한 차원에서 진실이라고 확신하는 발언일 가능성이 높다.

문 대통령과 같은 인물의 형성과정에 대한 필자의 추측이 얼마나 맞건 맞지 않건, 그리고 그라는 인물의 성장기를 알면 그에 대해서 연민을 느낄 수 있건 없건, 그가 나라를 낭떠러지로 끌고 가는데 국민은 그저 끌려만 갈 수는 없는 것 아닌가?

　스스로 자유대한민국 최대의 희생자로 생각하는지 몰라도 사실 자유대한민국 최대의 수혜자인 문재인으로 인해 대한민국은 지구상에서 사라질 위기에 처했다. 그의 재앙적 경제정책을 비롯해서 우민화 교육정책, 기업·군부·사법부·검찰 길들이기, 인사 참사, 어느 하나 망국의 길이 아닌 것이 없지만 무엇보다도 길 싹싹 쓸고 문 활짝 열어놓고 정은이 일당에게 언제고 내려와서 접수하라는데 그저 넋 놓고 보고만 있어야 하는가? 그에게 한 표 던져주었다고 해서 그에게 내 생명과 재산, 자유의 처분권까지 일임해야한단 말인가? '주권재민'은 단순히 국민은 선거에서 투표할 권리가 있다는 개념이 아니고 나라가 나아갈 방향에 대해서 국민모두가 사려 깊은 판단을 하고 잘못된 방향으로 나아가는 것을 저지할 의무가 있음을 의미하는 것 아닌가? 2019/2/3

젊은 세대가 모르는 것

배우 유아인이 4·3사건 71주기 기념식에서 추모사를 읽었는데 읽는 동안 때로 감정이 벅차서 목메어 하는 것을 보았다. 멋진 연기였다고 비꼬고 싶지는 않고, 우리 연예계의 괄목할 인재라고 평하고 싶기는 하다. 그는 이 추모사를, 자기가 4·3사건에 대해서 몰랐다는 사실이 놀랍고 부끄러웠다면서 4·3사건을 '어떻게 불러야 했는지도' 몰랐고 '왜 우리가 몰라야 했는지도 몰랐다'고 서두를 열었다. '왜 몰라야 했는지'의 어감은 누가, 또는 어떤 세력이, 그로 하여금 4·3사건 을 알지 못하도록 의도적으로 장막을 친 것으로 인식하고 있다는 뉘앙스를 강하게 풍긴다.

유아인에게 "4·3사건 말고 또 무얼 모르지?"라고 묻는다면 그건 "결석한 사람 손 들어봐"라는 것이나 다름없어 실례가 되겠다. 그러나 그가 4·3에 대해서 무식을 벗었다고 생각하는 지금, 4·3사건을 어떻게 알고 있는가는 정당한 질문일 것이다. 그는 기념사에서 "그런 일을 자행한 자들은 어떻게 멀쩡히 살아갈 수 있었는지" 이해할 수 없어하고, "피해자와 유족들은 어떻게 감내했는지" 모르겠다고도 했다. 그가 '그런 일을 자행'했다고 말한 대목의 '그런 일'은 폭동을 일으킨 일을 말하는 것이 아니고 '자행'했다는 것도 파출소를 습격하고 무기고를 탈취한 폭도들의 행위가 아닌, 경찰의 무장 폭도들 진압 행위를 말하는 것 같다. 그리고 '피해자'는 아마도 경찰의 진압과정에서 폭도와 구분이 안 되어서 살상을 당한 민간인을 말하는 것이라고 짐작되는데, 유아인이 4·3사건이 '폭동'이었고, '폭도'들이 1차 가해자였음을 아는지 궁금하다.

그가 기념사에서 말한 내용으로 미루어 짐작컨대 그는 4·3사건을 평화롭게 생업에 열중하는 양민들이 어느 날 천둥벼락같이 관군의 습격을 받아서 대량학살을 당한 사건으로 알고 있는 것 같다. 그렇다면 그의 지식원源은 『순이 삼촌』이라는 중편소설 정도인 것 같아 보인다. 그는 4·3사건이 대한민국을 수립하기 위한 5·10선거를 방해하기 위해서 남로당의 거물 박헌영과 김달삼이 제주도민을 선동해서 일으킨 폭동이라는 것, 그리고 박헌영과 김달삼은 제주폭동을 전국으로 확산시켜 남한을 '조선민주주의 인민공화국'에 편입시키려는 거대한 야망을 품고 4·3폭동을 선동했음을 알까, 모를까? 유아인이 그 점에 대해서 무지하다면 그는 아직도 4·3사건을 모르는 것이다. 4·3사건의 왜곡된 버전version을 주입받았을 뿐인 것이다.

유아인은 그렇게 4·3사건에 대한 부족하고 왜곡된 지식(인식)을 갖고, 그 4·3을 '끊임없이 이야기하고 소환하고 현재로 만들기 위해' 그에게 주어지는 무대, 화면 기타 대화의 장을 적극적으로 활용하려는 것 같다. 그러면 4·3사건의 전도된 '전설'이 유아인의 영향력만큼 확대 재생산되고 그를 통해 그 전설을 전수받은 국민(대부분 젊은 세대?)의 우리나라—또는 기성세대—에 대한 반감과 혐오도 그만큼 부풀려 질 것이고 우리 사회의 이념적 분열의 극복은 그만큼 요원해 질 것이다.

유아인 같은 젊은 세대가 거꾸로 알고 있는 (그러니까 모르니만 못한) 사건이 어찌 4·3 뿐이겠는가. 아직 너무나 생생한 '촛불혁명'에 적극적으로 동참했던 이들도 자신이 참여했던 위치와 다른 곳에서 벌어진, 또는 얼핏 보았으나 주목하지 않았던, 촛불시위의 양상을 알고 경악하는 사람이 적지 않을 것이다. 그리고 그 거대한 집회를 매주 '진행'하는데 든 어마어마한 예산의 출처가 어디인지 알 수도 없지만 몰라도 된다고 생각했던 평범한 참가자도 많을 것이다. 사실 대다수의 참가자는 그 예산을 제공한—그리고 행사를 기획, 운영한—세력의 정체는 모르고 그냥 대규모 집회의 설렘과 정의의 투사가 된 느낌이 좋아서 참가한 것 아닐까? 아직도 '음모설'에 매달리는 사람이 있는 천안함, 민족분열의 분수령이 된 5·18, 길을 봉쇄해서 적의 진입을 저지해야하는데 아무리 경고방송을 해도 계속 밀려오는 피난민을 어쩔 수 없이 발포로 저지한 노근리 사건, 지난 6일 '피해자 보상법안'이 통과됨으로써 우리를 구원한 작전이 아니고 우리를 짓밟기 위한 작전처럼 되어버린 인천상륙작전, 6·25의 수많은 민간인 희생의 경위, 여순반란사건, 4·3사건, 이외에도 무수한 근대사의 사건들이 아직 어지러운 진실공방 속에 국민 분열의 불씨가 되고 있다. 그래서 유아인은, 자신이 최근에 갑자기 엿본 4·3사건의 한 단면을 열정적으로 전파하기에 앞서서 이영훈교수의 『대한민국 역사』같은 저서를 읽고 한 나라의 운명이 무엇에 좌우되는지에 대해 긴 호흡으로 숙고해 보기를 바라는 것이다.

우리의 차세대들이 배우는 국사교과서가 반국가적 교과서가 된지 이미 오래되었다. 전교조가 지난 20년간 주력한 일 중에서 제일 공들인 과제가 교과서 왜곡이 아닌가 싶다. 지금 우리의 역사교과서는 초등학교부터 중고등학교까지 한반도에 정통성을 지닌 정부가 대한민국보다 '조선민주주의인민공화국'이고, 북한이 인민의 삶을 책임지는 나라이고 남한은 자본가가 서민을 착취하는 나라라고 인식시킨다. 4·19—5·18—6·10 항쟁—촛불혁명으로 이어지는 일련의 정부전복 운동이 아니었으면 우리나라는 아프리카의 미개국이 되었을 것 같이 가르친다. 이런 운동들이 지축을 뒤흔들어도 국민의 삶이 위태롭지 않을 수 있었던 토대는 누가 구축한 것일까?

교과서들은 '한강의 기적'이라며 세계가 경탄하는 우리나라의 경제성장을 마치 국민의 노력보다는 그냥 시간의 경과와 함께 자연적으로 이루어진 일인 듯이 행위자가 없는, '자동차 산업은 ... 주요 수출품으로 자리 잡았다', '수출액이 증가해 생활수준이 크게 향상되었다' 식의 문장에 담았다. 우리가 수백 년, 아마도 수천 년의 가난을 벗고 다른 나라들처럼 잘 살기 위해서 온 국민이 들인 그 피나는 노력과 염원이 온데간데가 없다. 현재의 번영과 안정, 학문과 문화적 수준, 그리고 그것을 지탱하는 인프라를 마련하기 위해 얼마나 많은 선배 세대들의 피땀과 영혼의 고뇌가 투입되었는지를 오늘날 젊은 세대가 안다면 '헬조선' 따위의, 그들의 부모와 조부모 세대를 모독하는 말을 그리 쉽게 뱉지는 못할 것이다.

그런데 이 어렵게 이룩한 경제대국, 문화대국이 지금 사양길에 들어 선 정도가 아니라 벼랑 끝에 서 있다. 그러니까 이제는 '역사'라고 말할 수 있는 4·3도 바로 알아야하지만 오늘의 한국, 내 눈 앞에서 벌어지고 있는 일을 똑바로 알아야 한다. 나라의 사정을 제대로 알지 못하고 패거리 짓기에 휩쓸리면 나라가 무너지는 것을 막지 못하고 오히려 멸망을 재촉할 수 있는 것 아닌가? 국책연구기관인 KDI 마저도 인정하고 많은 해외 학자, 연구소들이 우려할 정도로 이 나라는 총체적 부실에 빠지고 있는데, 그 무수한 부실화의 양상을 다 짚을 수는 없고 하나의 예로 모든 국민의 일상생활에 직접적 위협이 되는 탈원전정책에 대해서만 간략히 생각해 보겠다.

문 대통령이 「판도라」라는 영화 한편을 보고 그의 여린 감성이 자극을 받아서 행여라도 국민이 원전사고의 피해자가 될까 봐 채택했다는 정책이 '탈원전'이다. 그러나 사실은 (초대 비서실장의?) 옛 운동권 동료들 중 공직이 다 돌아가지 않는 사람들에게 위로 차, 보조금이 뭉텅뭉텅 지급되는 태양광사업을 분배하기 위해서 실시하고 있다고 강력히 의심된다. 원전 건설은 지난 60년에 걸쳐 참으로 어렵게 이룩했고 학자, 기술자를 많이 양성한 까닭에 우리나라가 원전건설 기술의 세계대국으로 인정받아서 세계 여러 나라에서 수주 받은 원전건설이 국가경제에 크게 도움이 되기도 했다. 그런데 국내의 원전은 안전을 염려해서 폐쇄한다면서 해외에서 원전 수주를 받겠다고 대통령이 방문외교를 펼치는 촌극도 벌였지만 원전건설을 그리 허술하게 발주할 나라가 어디 있는가. 이렇게 원전을 막무가내로 폐쇄하니 국내의 관련 학자, 기술자, 기타 종사자들이 실업자가 되어 해외로 일자리를 찾아서 흩어지게 되었고 우리나라는 값도 비싸고 심한 환경오염을 유발하는 태양광발전과 화력발전에 전력수급의 많은 부분을 의존하게 되었다. 그래서 원전이 생산한 값싼 전기로 오래 호황을 구가하던 한전이 엄청난 적자에 신음하게 되었고 이 중추적 국가기업이 부실화되었다. 이번의 강원도 산불도 적자에 허덕이는 한전이 예산절감을 위해서 각종 기기의 교체 주기를 연장하는 바람에 제때에 교체되지 못한 개폐기에서 발화가 일어났다지 않는가? 앞으로 이런 참사가 또 어디서 어떻게 터질지 알 수 없는 국민은 좌불안석이다.

잠시라도 정전이 되면 정상가동을 회복하는데 여러 날이 걸려서 수십조 원의 생산차질이 생기는 반도체 공장 등은 자체발전시설을 건설하고 있으니 이런 국가적 낭비가 있는가. 당분간은 탈원전 정책의 정당성을 입증(?)하기 위해서 가정과 업체에 공급되는 전력의 가격을 강제로 동결하고 공급을 억지로 유지하고 있지만 오래 지속할 수 없는 일이고, 당장 올 후반기부터 잦은 대규모 정전사태가 올 수 있다. 그렇게 되면 일상생활의 불편, 차질은 말할 수도 없거니와 나라 경제는 비틀거리다가 주저

앉을 수밖에 없다. 그래서 탈원전 정책은 우리나라를 완전 무력화, 폐허화시키려는 음모라는 의심이 어쩔 수 없이 든다.

국내의 학자들은 물론 세계의 석학들이 모두 가장 환경보존에 유리한 청정에너지라고 하는 원자력발전을 환경 대재앙 유발 산업처럼 홍보해서 그 대체에너지원으로 참 빠르게도 우리 국토를 점령한 태양광패널은 이번 강원도 산불이 태운 면적의 4.3배에 달하는 산림을 베어내고 설치되었다고 한다. 온 국토가 태양광 패널로 누더기가 되었는데 게다가 그 패널들이 중국산 저급품이라서 몇 년 내에 성능이 떨어지거나 정지되고 중금속이 흘러나와서 우리 토양을 병들게 하는 쓰레기가 되리라고 한다. 또 베어 낸 삼림 때문에 산사태가 발생할 위험도 크고 태양광패널이 강풍에 날려서 민가나 행인에 치명적 피해를 줄 수도 있다고 한다. 그래도 태양광패널의 점유지는 확대일로에 있지 않은가? 태양광패널의 문제점과 원전의 100% 안전성을 무수한 전문가, 위원회, 일반국민이 목이 메도록 호소했지만 이 정부는 완전 묵살하고 있다.

이 정부의 전횡은 탈원전 만이 아니다. 이 나라는 온 국민을 겁에 질리게 한 '적폐청산'의 광풍으로 인해 정신적, 도덕적 폐허가 되었고 사법부와 검찰, 군, 언론 등 나라의 중추기관들이 정부에 장악되어 정권의 하수인이 되었고, 마치 국가경제의 파탄을 위해서 강행되고 있는 듯한 경제정책들로 인해 청년들은 일자리 절벽 앞에서 절망하고 있고 소규모 사업자들은 폐업으로, 심지어 자살로 내몰리고 있다. '무차별 복지' 정책으로 국고가 고갈될 지경인데 늘어 난 일자리는 '불끄기 담당' 같은 것 들이고, 극심한 인사 참사로 인해 이 나라는 무자격 조타수가 키를 잡은 배처럼 갈팡질팡 하다가 좌초할 선박과 같다. '평등' 교육 때문에 차세대의 학력과 지력이 급강하하고 있고 '학생인권 조례'는 나라의 미래를 어른도 모르고 이웃과 더불어 살 수 없는 인격장애아들로 채울 것이다. 국민들을 홍수에서 보호해 주는 4대강 보의 물을 방류하는 것은 국민이 걱정 없이 사는 것을 봐주지 못하겠다는 심술인가? 강에 수량이 풍부해야 흙도 나무도 건조하지 않아서 산불이 덜 나고 진화鎭火에도 유리하다는데. 이 정권 창출의 '공신'인 민노총 소속원들은 폭력면허를 받아서 거리낌 없이 아무나 폭행하고 어디나 침입한다. 자국민의 피를 흘려 우리의 자유를 지켜 준 미국에게는 국가적 자존심을 세운다는 핑계로 발악적인 모욕을 일삼는다. 외교의 중요성을 모를 뿐 아니라 외교 따위의 자질구레한 일은 신경 쓰지 않겠다는 소신의 표현인지, 연속적으로 참사를 연출하니 국제사회에서 한국의 위상은 자유낙하 한다.

이 정부의 끝없는 비리에 국민은 지쳐서 이제 진상규명을 요구하지도 않는다. '진상'이라고 내놓는 것이 허술하기 짝이 없는 거짓일 것이 뻔하기 때문에. 이 정부의 모토가 '사람이 먼저다'라는데 국민은 사람 이하인 모양으로, 국민의 요청이나 반대는 들은 척도 하지 않는 오만이 하늘을 찌른다. 지난 2년 동안 발생한 국가적 재앙을 열거하자면 책 한권이 모자라겠지만 무엇보다도 심각하고 처절한 것이 나라의 울타리를 모조리 허물고 적에게 들어오라고 손짓하고 있는 형세인 것이다. 1인당 국민소득 58불에서 3만 불에 이르는 과정을 함께해 온 사람으로서 온 국민의 70년 분투가 허업虛業이 된다는 허탈감에 망연자실하지 않을 수가 없다. 이 모든 사태를 젊은 세대가 눈 똑바로 뜨고 그 심각성을 절감해서 이 나라, 그들의 부모와 조부모 세대가 혼신의 노력으로 이룩한 그들의 나라를 지켜나가기를 당부한다. 2019/4/11

서지문의 뉴스로 책 읽기 2

발행일 초판 1쇄 발행 2020년 7월 27일

지은이 서지문
펴낸이 안병훈
펴낸곳 도서출판 기파랑
등록 2004년 12월 27일 제300-2004-204호
주소 서울시 종로구 대학로8가길 56(동숭동 1-49) 동숭빌딩 301호
전화 02)763-8996 편집부 02)3288-0077 영업마케팅부
팩스 02)763-8936
이메일 info@guiparang.com
홈페이지 www.guiparang.com

ISBN 978-89-6523-600-9 03300